湛庐CHEERS

与最聪明的人共同进化

HERE COMES EVERYBODY

Step By Step to Stand-up Comedy – Workbook Series

手把手教你玩
脱口秀实战系列

如何准备一场自然真实的表演

[美]格雷格·迪安（Greg Dean） 著
笑果研究所 译 呼兰 程璐 审校

Workbook 3: How to Remember Jokes Naturally

浙江人民出版社
ZHEJIANG PEOPLE'S PUBLISHING HOUSE

献给我聪慧、有趣又迷人的妻子，盖拉·约翰逊–迪安，
她让我懂得了感知万物的方式永远不止一种。

你会准备和排练一场脱口秀表演吗？

扫码鉴别正版图书
获取您的专属福利

扫码测一测，
获得题目及解析。

1. 以下关于创造者和批评者的说法哪个是错误的？
   A. 创造者的功能是创作和表达
   B. 批评者专注于改进和打磨
   C. 可以让创造者和批评者一起参与排练
   D. 排练时需要把创造者和批评者分开

2. 以下关于排练视角的叙述哪个是错误的？
   A. 每个笑话都含有三个基本视角：叙述者视角、本人视角和角色视角
   B. 叙述者视角就是演员把笑话场景讲出来，而不是演出来
   C. 本人视角需要演员把笑话演出来
   D. 角色视角是演员可以演出来的人，不包含物品

3. 以下关于视角转换的注意事项哪个是不正确的？
   A. 转换不可以中断
   B. 可以通过偏转身体来转换视角
   C. 对于角色视角，要确定相应的姿势和声音
   D. 叙述者视角可以试图分析场景或解决问题

推荐序

石老师和泥瓦匠

有一天，庄子带着学生去给一个穷朋友送葬，路过惠施的墓地，突然感伤起来，转身对周围的学生讲了一个故事。

从前，楚国的都城郢城有一位泥瓦匠，干活的时候鼻尖上溅了一滴石灰浆，远处看着像苍蝇翅膀似的。但是，这位老哥就是不愿意自己擦掉，而是不嫌麻烦地大老远找了一位名字叫作石的木匠来处理。石老师来了以后，泥瓦匠说谢谢您嘞，您把这个点儿给我削了呗。石老师表情平淡地接了这个活儿，然后手里抄起锛子，风一般地围着鼻尖转动，眼睛看都不看一下，全凭听。转眼间就收工了，白点儿消失无踪，鼻尖完好无损。

一场高手之间的风云际会就这么静悄悄地结束了。两人各自收工回家，云淡风轻，江湖上只留下传说。后来这事都过去很久了，还是传到了领导的耳朵里。领导多好奇啊，就让人把石老师请到办公室，在自己的鼻尖上点了一个白点儿，让石老师再削一次，可能他的重点是想把自己弄成传说的一部分吧。石老师依然那么面无表情，说："我以前能做，现在依然能做，但是郢城的泥瓦匠已经去世多年了，我为什么还要做呢？"

讲完这个故事，庄子转身面对惠施的坟墓，说："以前你活着的时候我跟你 battle，现在你不在了，我还能跟谁比啊？这个寂寞的世界！"

这个故事出自《庄子·杂篇·徐无鬼》。

这个故事可以从很多个角度来解读，高手之间的惺惺相惜啊，人世间的寂寥啊，等等。除此之外，石老师的伤感还来自无人能够欣赏自己精湛技艺的那份落寞。

硬转场，转到美式喜剧上来。

美式喜剧不是单口相声。对于观众来说，他们接受的应该是逻辑而不是故事，是遵循逻辑后由超出逻辑的合理而带来的笑点，而不是由故事结构的起承转合酝酿出来的包袱。所以，一个优秀的脱口秀演员，都会有自己强烈的风格，这源自他或她特有的逻辑内核。

因此，如果观众无法理解这种逻辑层面的规律，看到的就是几个人在耍贫嘴。

笑果的团队一直致力于把美式喜剧推广起来，他们有一批优秀的年轻脱口秀演员正在不断地成长。不过，他们也在担心，中国市场已经做好接受美式喜剧的准备了吗？美式喜剧中的逻辑线真的已经在中国观众中搭建起来了吗？于是，除了线下的演出，他们也在用力地把与之相关的规律性的东西拿出来与大家分享，于是就有了之前那本《手把手教你玩脱口秀》。这里穿插一个小故事：我经历过的他们最恐怖的脱口秀线下演出，现场只有三个观众，但后台却有一群演员和工作人员，所以，当时那三个人听得心惊胆战，演员也表演得如履薄冰。

这次的实战系列，其实是《手把手教你玩脱口秀》的细则版，用更多的接近于实操的内容把上一本书提到的大原则具象化。因此，这套练习册真的可以对照着来学习。你如法炮制，写出来的东西虽然不一定特别好，但终归会说出有趣的话来。

但，我不觉得这是重点。

重点应该是，让看到这些练习册的朋友，通过对脱口秀实操练习的了解，明白这类喜剧的逻辑到底是什么。换句话说，这是石老师正在给自己培养一个泥瓦匠。

因为石老师，寂寞。

哪个身怀绝技的人不想随风起舞？

让我们一起，帮助那些年轻优秀的脱口秀演员，舞动起来吧！

谢谢您。

张绍刚

2019年6月

笑果研究所翻译组成员：

盖柴、余穠、颜怡、颜悦。

使用须知

欢迎来到格雷格·迪安的“手把手教你玩脱口秀实战系列”《如何准备一场自然真实的表演》。本练习册对应我已出版的《手把手教你玩脱口秀》的第 6 ~ 8 章。本练习册所提供的一系列练习可以帮助你学习并实践最有效的舞台表演方式，以及通过排练创造一场真实自然的表演。同时，本练习册还将揭示如何通过把写好的笑话文本转换成画面、声音和感觉来进行记忆，以便使表演者自然地向观众讲述这些故事。

本练习册教什么

本练习册讲了两个方面的内容：

一方面是演绎的骨架——演绎是成为一个幽默的人的重要技巧之一。通过演绎，你可以向观众展示事件和对话，而不是单调地用语言复述出来。此外，你还会知道为什么演绎出来的笑话，其结构与“一句话笑话”一样清晰。

另一方面是排练空间。本练习册的排练流程将教你如何通过创建一个批评者位置□和一个排练空间

○，来区分批评技能和创造技能，从而使你在排练的过程中防止自我批评。排练是最重要也是最容易被忽视的让你变得幽默的方法之一。排练的状态决定了你的表演状态，如果用错误的方法进行排练，你就同样会用错误的方法进行表演。也就是说，你只是在“错误的方法”上进步了。

一些实用的建议

● 准备好排练需要的脱口秀段落或笑话

你需要有一套脱口秀段落用来排练，如果没有一整套，就选几个笑话。书中的一些内容会要求你用自己的笑话来演绎或排练。

● 创建一个批评者位置□和一个排练空间○

找一个可以写作和练习表演的安全、私密的空间。这个空间要足够大，因为你要创建相互距离达 3 米的批评者位置□和排练空间○。为你自己创建一个喜剧庇护所，因为有一些练习需要你解放天性。在批评者位置□学习，相当于弄明白独轮车运作的原理；在排练空间○练习，则相当于真正上车学习怎么骑。如果你只学习理论，就不能真正提升舞台表演能力。只有练习才能把新信息融入你的意识和肌肉记忆中，日后在舞台上才可以真正用到这些信息。

● 想象一批虚拟的观众

本练习册的很多课程，需要你在虚拟观众面前练习。具体方法是，站在排练空间○前，想象你面前有一群陌生人组成的观众。你的想象力可以随之创造出在练习中所需要的观众反应。不要在虚拟观众中添加亲戚朋友，因为你们互相认识，你会感觉到批评的目光审视。即使这种目光审视来自你自己的想象，也同样会影响你在练习中的表现。你需要真正的陌生人来充当观众。

一旦你学会了以何种方式表达自己的幽默感和排练笑话，就真正准备好表演了。让我们开始吧。

目 录

WORKBOOK 3: HOW TO REMEMBER JOKES NATURALLY

01 自然地记住笑话

很多人以为成为一个喜剧演员，就是记住一大堆笑话，然后上台讲给观众听。其实事情没有那么简单。你有过想给别人讲一个笑话但是不知怎么表达的经历吗？讲好笑话，以及当一个幽默的人绝不仅仅是死背台词就行了。

想要自然地记住笑话，必须先明白“自然”的意思。回顾一下你是否有过这样的经历：在朋友、家人面前，在工作场合或聚会上，你讲了一个好玩的故事，把对方逗得乐不可支，这时你可能会想：“如果我在舞台上也能这样，是不是就可以成为一个厉害的脱口秀演员了？”你的想法是对的。如果在非正式场合就能成功逗笑别人，那么在舞台上，你同样可以表演一场出色的脱口秀，这两者所需要的因素是一样的。

让我们来看看你在非常搞笑时是什么样子的：你正在讲一件真实发生在自己身上的事情，并且把它演绎得好像重新发生了一次。你把当时的感觉原汁原味或者添油加醋地说了出来，可能还扮演了故事里的其他人物，甚至动物或某个物体。在听者大笑的时候，你会停下来让他们笑个够，然后根据他们的反应，有时口若悬河，有时慢条斯理，毫不在意究竟是自己真的说得这么好，还是酒精带来了粉饰的效果。最重要的是，你们都从中得到了极大的乐趣。

要在脱口秀舞台上把你真正的幽默感表现出来，你需要表现得像那个时候一样幽默风趣。本章教授的排练技巧，能帮助你把这种自然而然的幽默感复制出来，并随时为你所用。经验告诉我，人们在表演中丢失自然幽默感的首要原因，就是不恰当的排练方式。

排练的状态决定了表演的效果

如果你在排练时不停地走动、低头看地，心里不停想着自己下一句该说什么，那么你在表演时也会一样，并且会一直在心里进行自我批评。

与此相反，如果你在排练时表现得好像这件事真的在你身上发生过，你跟某个观众互动，并且从笑话中获得了乐趣，那么你在表演的时候也会表现成这样。

既然表演状态与排练状态如此相近，那么使用一个能够带给你自然的讲故事状态以及增强搞笑度的排练模式就显得至关重要了。

创造者和批评者

创造者和批评者是你性格的两个方面。对于一个职业喜剧演员来说，这两者都很重要,但必须处于一种平衡的状态。创造者会不断地冒出新主意，批评者则从技术层面来雕琢表演。如果这两者发生了冲突，就可能在不知不觉中给你带来麻烦。

创造者的功能是创作和表达。他凭直觉行事、充满想象力、感情充沛、好玩有趣、渴望表达，而且无惧于犯错。他就是你内心的孩子，只要好玩，完全不管是对还是错。在脱口秀里，创造者负责探索笑话的源头，就算在排练时也在不停地探索。他通过某种方式，把你笑话里让观众发笑的部分传达出来。

批评者专注于改进和打磨。你性格里的这一部分充满睿智、客观理性、善于分析、目标明确，并且有主观的判断力。批评者就好像你内心的家长。他坚持把事情做对，小心谨慎地行事。他能注意到所有的错误，而且希望这些错误都能得到改正。当你准备脱口秀演出时，批评者负责把你的笑话打磨得符合结构，并且把这些笑话组织成适合演出的内容。

存在的问题：让创造者和批评者一起参与排练

当人们试图让创造性和批判性同时存在时，创造者和批评者就会发生冲突，两者的功效也会相互抵消，这个后果正是由低效的排练练习导致的。

例如，在排练笑话时，演员可能会允许批评者突然介入，打断他内心正在进行的一段流畅的表演。以下是一种比较常见的情形：

创造者：一个男人走进商店，他对店长说……

批评者：烂死了，这哪里是店长啊，明明是店员。你哪里不对劲儿啊？太蠢了吧！这是店员。来，重新再来！

创造者：一个男人凑进……

批评者：什么“凑进”？你在说什么？从头开始！

创造者：一个男人走进商店。

批评者：你今天还没还信用卡呢，肯定要交滞纳金了。你停下来干吗？你这个白痴。重新再来！

如果你在排练时表现得既有创造力，又在做自我批评，其实是在排练过程中把批评者带进了表演里。请谨记：你排练时是什么样，表演就会是什么样。所以，你把批评者带进了表演里，还想在表演时随心所欲，这根本做不到。批评者会在舞台上分散你的注意力。

真正的问题来了，如果你把所有的精力都放在了对表演效果的评估上，而不是专注于表演，你的头脑就会变得一片空白，从而忘掉自己的笑话。批评者会让你陷入搞砸演出的窘境，迫使你花更多的精力去集中注意力。更糟糕的是，此时的你会忽略观众的反应。在这样的情况下，你怎么还可能收集到必要的信息去演绎你的笑话，从而让观众开心地发笑呢？这是不可能的。就算你勉强地记住了自己的笑话，它们可能也无法获得哪怕一点儿笑声。接下来，当然就是批评者履行他的神圣职责，去批判你为什么会出现这样的问题了。

解决的办法：把创造者和批评者分开

你必须要训练让创造者和批评者各司其职，独立运作。当你准备创造和表达的时候，只需要做一个创造者；而当你准备提高和打磨笑话的时候，则只需要当一个批评者。这听起来很简单，但相信我，说永远比做容易得多。很多人会耗费大量的时间来批判自己，而且不知道这种做法是从什么时候开始的，也不知道什么时候会结束。你想假装这种自我批评不存在也是没有用的，因为如果你这样做，批评的声音会变得更大，有时大到你脑子里充斥的都是这样的声音。有些喜剧演员为了让这种声音停下来，不得不去寻求酒精和药物的帮助，这种事一点都不稀奇。

批评者的目的是帮助你提高，所以你不会想把他完全抛开。与此同时，你又不想让批评者干扰创造者的自由创造和表达，所以，最好的方法是让创造者和批评者各司其职、互不侵犯。那么，怎么才能做到这一点呢？

批评者位置□和排练空间○

你必须在空间上规划出两个独立的地方来进行排练：一个分配给批评者，称为“批评者位置”；另一个分配给创造者，称为“排练空间”。

我想强调一下，在空间上规划两个独立的位置对排练来说非常重要。因为多年以来，你一直在尝试让创造性和批判性同时存在。因为受条件的制约，你的大脑不会认为这是两个独立存在的功能。但当你把这两个功能分配到不同的空间位置时，一件神奇的事就发生了：你的大脑把这两个功能分开对待了。当你坚持这样做一段时间，大脑就会最终明白，让创造者和批评者独立运作，你的效率会大大提高。

为了把创造者和批评者真正分离开，你必须把他们的位置加以严格的区分。当你以创造者的身份站在排练位置上时，绝不要让批评者过来打扰。而当批评者开始工作时，就走到批评者位置上去整理你的想法。当你觉得可以把批评者抛在脑后进行练习了，就回到排练空间开始排练。

在排练空间完成了练习，你就可以走到批评者的位置上，鼓励他开始发表各种评论。记住，批评者的出发点是积极的，是为了提高和打磨你的笑话，但他只能在你走到批评者位置上时才可以说话。你需要批评者的帮助，但他必须在合适的时间才能出现。

当大脑习惯了这种分隔，你在排练时就会备感自在，因为不会再受到批评者负面的困扰。同时你也会注意到，当坐在批评者位置上时，你会很享受自己给自己带来的意见反馈。因为就连批评也不会被打断了，这时候的你会很容易接受批评，并且感激这种批评带来的改变。

排练示意图：批评者位置□和排练空间○

为了帮助你分开批评者位置□和排练空间○，我在第 8 页和第 9 页画出了排练空间○和批评者位置□的示意图。排练的时候，把它们放在地上对应的位置。记住，一定要让它们隔开至少 3 米。排练空间○面向你的虚拟观众席，批评者位置□应该在排练空间○的左边或右边，或者后面至少 3 米以外的地方。

请注意：一定不要把批评者位置□安排在观众席那里。否则你会在批评的目光中排练，当你表演时，批评者就会成为中心。我们应当把批评者安排在排练场所乃至表演场所之外的一侧。

图 1 展示了如何规划排练流程的区域，图 2 和图 3 可以用来标记位置。

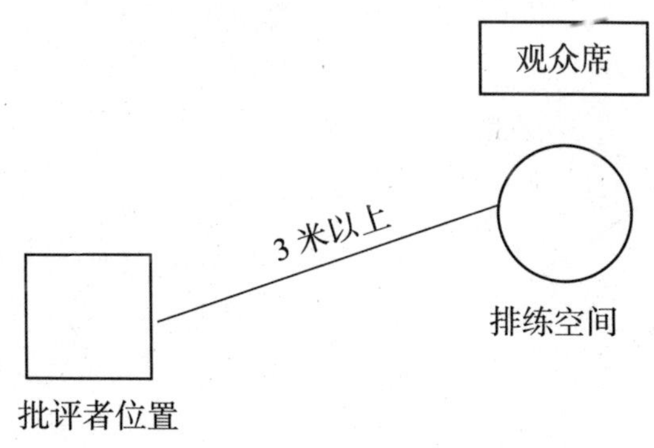

图 1

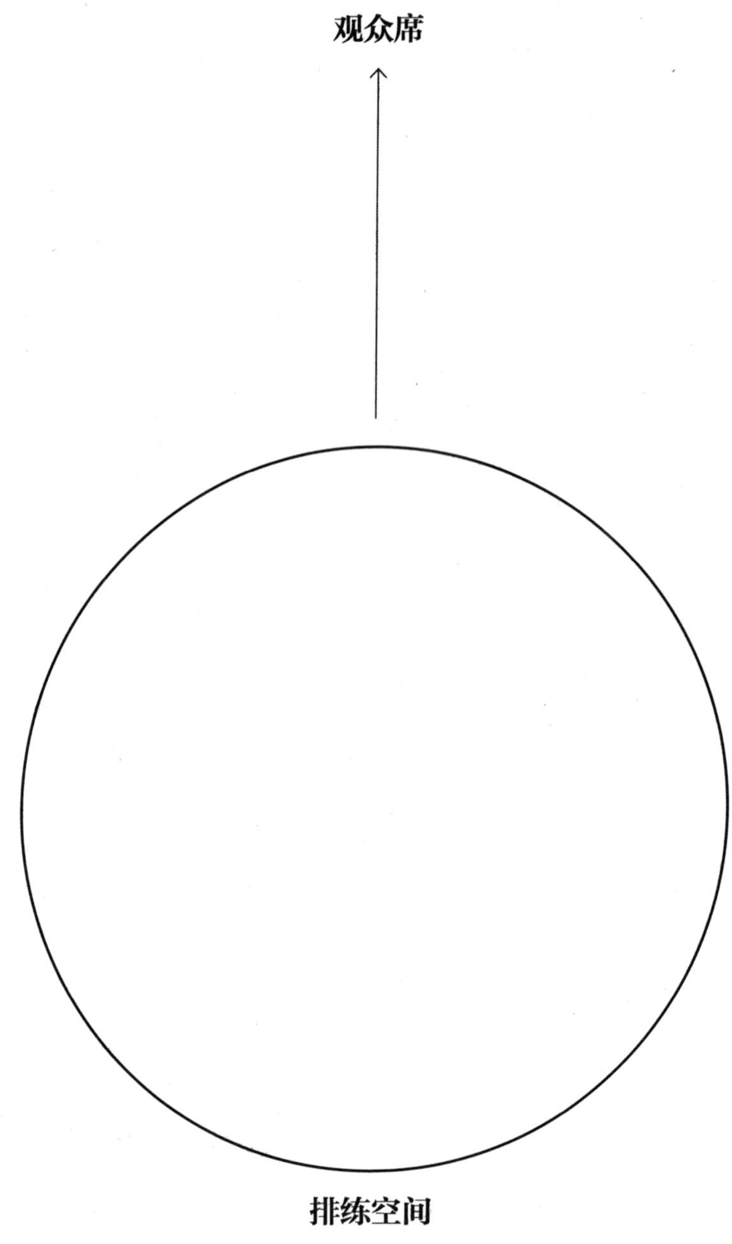

图 2

批评者位置

图 3

WORKBOOK 3: HOW TO REMEMBER JOKES NATURALLY

02

视角：叙述者、本人、角色

讲述发生在自己身上的真实事情，是搞笑状态最自然的时候。尽管你可能没意识到，这时你正在通过转换角度来表达故事中的意思。我把这种角度称为视角。每一个故事或者笑话都含有三个基本视角，不论你是否都演绎了出来，它们都在那里。这三个视角分别是叙述者视角、本人视角和角色视角。在解释排练流程之前，你需要先明白这些视角的定义，以及演绎的方法。通过这种方式，你在排练过程中就可以重现每个笑话带来的体验。不需要逐字地记忆，要以讲故事的心态去做。

以下是三个视角以及它们的定义：

叙述者视角：作为事件的观察者或非参与者，你是如何看待这件事情的？

在叙述者视角中，脱口秀演员不以笑话中的参与者身份说话，而是观察、报告、谈论或叙述。这是讲述型脱口秀一种常用的方法。例如，下面的笑话就是以叙述者视角讲述的。

昨天晚上，我跟朋友鲍勃聊天时说到我前两天开车，在停车标志那里停下车等待的时候，有辆车和我追尾了。他问我有没有受伤，我说我得问过律师后才知道。

只要脱口秀演员把笑话中的场景讲出来，而不是演出来，就是叙述者视角。

本人视角：作为事件的参与者，你本人是如何看待这件事情的？

使用本人视角时，脱口秀演员参与到事件中，把笑话演出来，就好像它正在发生。因为观众希望跟脱口秀演员一起体验，所以如果能参与到某个正在发生的情境中，他们会觉得更有趣。下面是同一个笑话，使用了叙述者和本人两个视角。

叙述者：昨天晚上，我跟朋友鲍勃聊天时说道……

本人：我前两天开车，在停车标志那里停下车等待的时候，有辆车和我追尾了。

叙述者：鲍勃问我有没有受伤，我说……

本人：我得问过律师后才知道。

角色视角：作为事件的另一方（人或物），你是如何看待这件事情的？

角色视角是脱口秀演员可以表演出来的人或物，包括人物、动物、物件、概念、情绪等。下面是同一个笑话，使用了叙述者、本人、角色三个视角。

叙述者：昨天晚上，我跟朋友鲍勃聊天时说道……

本人：我前两天开车，在停车标志那里停下车等待的时候，有辆车和我追尾了。

角色：你受伤了吗？

本人：我得问过律师后才知道。

对我来说，用这种方式去演绎笑话会更有趣，因为其中的对话让观众获得了参与感。

为了帮助大家了解如何将基本的视角运用到脱口秀中，我设计了一个练习。这个练习用一次争论作为例子，分四轮进行。在做练习时，建议你拿一张纸出来做笔记，对照本书的“视角练习”进行练习。第一轮，仅以本人视角进行这次争论；第二轮，站在争论的另一方，仅表演角色视角；第三轮，在本人视角和角色视角之间来回转换；第四轮，使用所有的三个视角，从叙述者视角开始设定场景，然后在本人视角和角色视角之间来回转换并描述这次争论，在这个过程中也会偶尔回到叙述者视角说一些话。

如果你能选择一个与现实相关的争论，练习的效果会更好。注意，不要选择刚刚发生或者太伤心的争论，这样会加大练习的难度。这个练习的目的是帮你学习一项脱口秀技能，而不是进行一场心理喜剧治疗。

选择一次争论

以下是一些行之有效的、针对这个练习的指导原则：

1. 必须是你（本人视角）和另外一个成人（角色视角）之间的争论，而不是和动物、小孩子或卡通人物等争论。

2. 另一个成人（角色视角）必须是一个你可以描绘出来的人，因为第二轮你表演的是角色视角。你必须变成这个人，从他的角度表演出他对于这次争论的观点。

3. 争论必须是面对面发生的，不是打电话或其他方式。

4. 争论必须有多个议题，能够持续 3 ~ 4 分钟。

该你了！

站在批评者位置□，在下方的横线上写下你想要演绎的争论。

争论：____

____

____

____

____

____

____

如果你还不理解叙述者视角、本人视角和角色视角是什么，那就再次阅读前面的内容，直到明白为止。如果你理解了，并且选好了要演绎的争论，那就开始第一轮的练习吧。

视角练习

第一轮：仅本人视角

在第一轮中，你只用本人视角跟你想象的角色进行争论。站位方式如下：本人视角面对面地站在角色视角的前面。同时，必须确定观众的位置，因为最终你是给观众表演这些视角的，所以要稍微偏向他们站立。

注意聆听你想象的角色视角说了什么。当你讲完一个论点，停一会儿，想象一下角色视角的反击。你会发现这样做会大大改变争论的方向。

如果 3 ~ 4 分钟后，争论自然而然地进入了高潮，那就停下来。如果争论在 1 分钟左右就结束了，那就需要重新选择一个可以持续几分钟的争论议题，并重新开始，否则练习不会有效果。

该你了！

站在批评者位置□回答下列问题，并把答案写在横线上，以搭建争论的基本信息。

角色视角站在哪里？

____

你在和谁争论？

____

角色视角穿的是什么？

____

这次争论发生在哪里？

____

你们在争论什么？

____

继续练习！

1. 在排练空间○面向你的虚拟观众，演绎本人视角与想象中的角色视角的争论。

2. 时间：2 ~ 3 分钟。

3. 结束之后，走到批评者位置□回想整场争论以及学到的东西，将其形成文字写在下面的横线上。

第一轮的笔记：

第二轮：仅角色视角

第二轮，你只以角色视角的身份发言。也就是说，你要成为角色视角的那个人，站在他的角度来争论。要做到这一点，你需要交换位置，走到角色视角原来站的位置上。要想拥有角色视角，你需要成为一个不同的人。要创造这个角色，首先要创造一个声音和姿势。

为这个角色选择一个不同于你本人的声音。

如果你选择了一个特定的声音，就更容易进入这个角色。如果你是男生，而角色视角是女生，就可以提高音调，用假音发声。相反，如果角色视角是男生，你就降低一点音调。另外，如果角色的声音特质很独特，那就尽量去模仿它。不需要完全准确，因为本轮练习不是关于如何模仿你要刻画的那个人。你只需要改变自己的声音，抓住这个人的精髓。而且选声音的时候要注意，这个声音是你可以在争论中连续说话几分钟的声音。

该你了！

站在批评者位置□回答下列问题，并把角色视角说话声音的细节写在下面的横线上。

角色视角的声音风格是什么样的？（尖细还是低沉）

____

这个人说话声音有多大？（轻声还是大声）

____

这个人说话有什么特点吗？（大舌头、口吃或鼻音很重）

____

他或她说话带口音吗？（方言或外语）

____

为这个角色选择一个不同于你本人的姿势。

不同的姿势、神态或身体特征能帮你快速找到这个角色的感觉。如果男生表演女生，就需要用更柔美的肢体语言；如果女生表演男生，则需要更加阳刚的姿态。

该你了！

站在批评者位置□回答下列问题，以确定该角色视角的身体语言和姿势。

这个角色是怎么站的？（笔直、驼背、两腿分开、两腿并拢）

____

这个角色的身材怎么样？（纤细、胖、矮、高）

____

这个角色年龄多大？（老、年轻、中年）

____

这个角色的动作姿态如何？（快、慢、大、小或无）

____

如果你觉得无法进入角色，就重新选择一次争论，选择一个你可以刻画的角色视角重新开始。跟第一轮练习一样，你要想象争论的对方会说什么，也就是你本人会说什么，这样可以保持争论有来有回。

在第二轮练习中你可能会遇到一些挑战：你需要完全放弃本人视角所持的立场，站在争论的另一边说话。要做到这一点，你必须完全从角色视角的角度去考虑问题。与第一轮练习一样，这一争论应持续几分钟。

继续练习！

1. 在排练空间○面对虚拟观众，表演的时候记得把你的角色视角演绎出来，这意味着你要和隐形的本人视角（自己）争论。重现这次争论，并注意聆听。

2. 时间：2 ~ 3 分钟。

3. 完成之后，去批评者位置□站在角色视角的角度回想这场争论。注意一下这个角色的立场有多么不同，并记下笔记。

第二轮的笔记：

第三轮：本人视角和角色视角

在第三轮，你要扮演本人视角和角色视角，并在两者之间来回转换。你需要先试着练几次，再进入争论的情境。以下是几条关于在本人视角和角色视角之间转换的指导原则：

1. 转换不要中断。

当你决定从本人视角转到角色视角的时候，就转动身体或者向另一边迈一小步，找到角色视角的声音和姿势。不要跳动，也不要兜圈子，只要一个小动作就行了。站在排练空间○示意图上可以帮助你确定位置。

2. 不要背对观众。

你在进行视角转换的时候，一定要注意不要把屁股对着观众。这听起来可能很奇怪，但是确实有一些人会转一整圈，去对着另一个方向。

3. 偏转身体。

本人视角和角色视角并不是面对面，而是呈 45° 角相对。你可以通过调整现实的场景，让观众对这场争论看得更加清楚。这当然不是自然的对立站姿，但是在舞台上看起来效果很好。

4. 本人视角、角色视角要始终面向固定的方向。

一旦你确定了一个视角面对的方向，就要在整场表演中维持住。举个例子，如果一开始本人视角面向舞台左边，角色视角面向舞台右边，就要一直是这样的。如果你搞混了方向，观众也会晕头转向。

5. 对于角色视角，要确定相应的姿势和声音。

有人很难进入角色视角。诀窍是先找到姿势，这样可以帮助你找到相应的声音。

通常在这个时候，你呈现的场景中就开始产生幽默感了。两个视角互相之间可能会开始说一些恶心、讽刺、恶毒、侮辱或有意思的对话。也许这次争论可以一直进行下去。但是，这不是心理戏剧，而是一次戏剧技巧练习。记得让笑话自然地表达出来。

该你了！

1. 在开始第三轮之前，站在排练空间○，在不开展争论的情况下练习本人视角和角色视角的转换。这会帮助你确定两个视角的方向、转换方法，以及怎么运用姿势找到角色。

2. 完成以后，回到批评者位置□重复之前的步骤。记录你觉得困难或可以改进的地方。在适当的情况下，可以调整你想要呈现的争论形式。

练习笔记：

继续练习！

1. 站在排练空间○，面对虚拟观众，以转换本人视角和角色视角的形式来重现之前的争论。

2. 时间：3 ～ 4 分钟。

3. 完成之后，走到批评者位置□回想困难或者好笑的地方，记录下来。

第三轮的笔记：

第四轮：本人视角、角色视角和叙述者视角

在第四轮，你将进行三个视角的练习。你已经练习了本人视角和角色视角，现在需要加入叙述者视角。叙述者视角是唯一直接向观众讲述的视角。以下是一些关于叙述者视角需要注意的地方：

1. 叙述者视角构建场景。

叙述者视角告诉观众角色视角是谁、为什么会有这场争论，以及争论发生在哪里。

2. 叙述者视角时不时跳出场景。

叙述者视角会时不时地跳出场景推动故事往前走，或者做一些逗趣的吐槽。

3. 叙述者不应该试图分析场景或者解决问题。

由于叙述者是在场景之外的，所以总有人想要通过叙述者视角来中立地分析场景，甚至解决其中的问题。要记住这里不是心理学基础课，而是喜剧基础课。如果场景中真的存在问题，叙述者甚至应该更狠地对本人或其他角色做出负面评论。

4. 叙述者视角时不时跳出来置身事外。

在舞台站位方面，很重要的一点是要记得观众就在你前面。叙述者视角在本人视角和角色视角的争论中置身事外，对着想象的观众讲述。叙述者可以向前一步指着背后发生的场景，必要的话也可以背对着观众对刚才的场景发出感慨，让场景立于叙述者视角的面前。

5. 叙述者视角以“我”来代称本人视角。

与常规的讲故事的方法一样，你会用“我”来指代自己，不要用名字指代自己。

搭建好叙述者视角场景后，你就可以进入本人视角或角色视角来进行这次争论了，这里跟第三轮练习一样。争论双方有了 5 ~ 8 次转换之后，你就可以后退一步或远离观众一点，跳出争论进入叙述者视角，做一些评论吐

槽，然后再跳回争论之中。几次练习之后，你就会习惯这三个视角之间的转换了。

该你了！

1. 在第四轮练习开始之前，站在排练空间○，练习叙述者视角、本人视角和角色视角之间的转换，这将帮助你学习怎样进入和跳出场景。

2. 完成后，站在批评者位置□，审视你刚才的舞台表现。思考一下你学到了什么，把在提升自己表演过程中遇到的问题和想法记录下来。在适当的情况下，可以调整你想要呈现的争论形式。

练习笔记：

继续练习！

1. 站在排练空间○，对虚拟观众重现一遍争论。从叙述者视角进入，然后在本人视角和角色视角之间进行转换。偶尔跳出场景，以叙述者视角进行点评。

2. 时间：4 ~ 5 分钟。

3. 完成后，在批评者位置□收集难点、笑点，并记录你灵光一闪想出的笑话。

第四轮的笔记：

你已经通过四轮练习，把一次争论用三个视角表达了出来。因为在原事件中曾经经历过本人视角、角色视角和叙述者视角，所以你对表演的记忆会比实际发生的事情更详细。这次争论会像全息影像一样留在你的脑海中，帮助你自然地记住这段笑话。

该你了！

1. 站在批评者位置□，回想一下整个过程。在下面的横线上写下你用三个视角完成这次争论后，是如何理解其中的区别的。

2. 许多人会通过挖掘想法的视角来创作笑话。如果你在练习过程中写出了笑话或小段，也请写在下方的横线上。

转换视角的笔记：

叙述者视角：

本人视角：

角色视角：

笑话或小段：

现在，你已经详细了解了视角练习，接下来就是重复这一练习，直到你能够在视角之间流畅地转换。在第 29 页，四轮练习被总结到了一起，你可以一目了然地过一遍整个流程。接下来你将发现，这些视角不仅对场景演绎有用，还是一个非常重要的笑话写作工具，以及下一章要讲的排练流程的基础。视角转换是幽默艺术中最常用的技巧，所以要好好学哦。

该你了！

1. 站在批评者位置□，阅读第 29 页的练习，选择另一次争论，填好四轮练习的信息。

2. 去排练空间○，对着虚拟观众表演这四轮。胜任这三个视角，并把它们演绎出来是很重要的事情。请多练习几次。

3. 时间：4 ～ 5 分钟。

4. 完成后，站在批评者位置□回想感觉困难和好玩的地方，以及你灵光一闪想出来的笑话。

视角练习

选择一次争论

●在你和一个成人之间发生 ●对方必须是一个你可以演绎的人

●争论必须是面对面、站着进行的 ●有多个议题

笔记：

第一轮：仅本人视角

●你在和谁争论？●这次争论发生在哪里？

●你们在争论什么？●3 ~ 4分钟 ●开始

笔记：

第二轮：仅角色视角

●选择一个不同的声音和姿势 ●站在对立面

●从角色视角的角度出发 ●3 ~ 4分钟 ●开始

笔记：

第三轮：本人视角和角色视角

●通过迈一步的方式来转换视角 ●演绎角色视角时，改变你的声音和姿势

●让笑话自然地表达出来 ●4 ~ 5分钟 ●开始

笔记：

第四轮：本人视角、角色视角和叙述者视角

●确定本人视角、角色视角、叙述者视角的舞台位置和观众的位置

●以叙述者视角向观众讲话，构建场景

●通过转换本人视角和角色视角进行争论

●5 ~ 6次跳出场景，通过叙述者视角做一些评论

●6 ~ 8分钟 ●开始

总结笔记：

简化版视角练习

之前我把练习分成四轮，是为了让你清楚地定义这三个视角，学习如何把它们区分开。其实你可以把整个流程压缩到一轮：只做第四轮，用叙述者视角构建场景，通过转换本人视角和角色视角将其表演出来，再时不时地跳出来，用叙述者视角做一些吐槽和评论。如果你还不理解基本的视角演绎和站位，无法把四轮练习简化为一轮，那就继续做四轮练习，直到熟练为止。

你并不需要每次都选择一次争论来做这个练习，但是这个练习确实在有矛盾、能发掘极端情绪的时候最有效。你可以尝试一下涉及怀疑、厌恶、内疚感的场景。如果没有一个贯穿始终的激烈情绪，场景可能很快就会变得无聊，因为本人视角和角色视角没有对话的激情了。举个例子：

叙述者视角："我老婆和我在逛厨具商店。"

本人视角："亲爱的，我们并不需要买煎蛋锅了。"

角色视角：（妻子）"但这是一个单份煎蛋锅，家里没有这种的。"

本人视角："谁会吃单份的煎蛋？小人国公民？"

角色视角：（妻子）"你买不买？什么时候学会嘴硬了？"

叙述者视角："我根本就不吃这一套，我是一个坚持立场的人。"

本人视角："好吧，买吧。"

叙述者视角："我的立场就是我老婆的立场。"

该你了！

1. 站在批评者位置□，选好一次争论和角色视角，在第 31 页写下相关信息。

2. 走到排练空间○，演绎整个场景。

3. 完成后回到批评者位置□，记下你认为好玩的点或笑话。

简化版视角练习

选择一个场景

●场景里正在发生什么？●场景里有谁？

●场景发生在什么地方？●议题是什么？

笔记：

叙述者视角（场景之外的你）

●我正在构建的是什么场景？●叙述者视角对观众说话

●叙述者视角和观众之间建立可见的场景 ●记得跳出场景给出点评

笔记：

本人视角（场景之内的你）

●我在这个场景里的角色是什么？●选择一个面朝的方向

●身体偏转到观众可以看到的角度 ●自然转换到角色视角，不要迈步

笔记：

角色视角（场景里的其他视角）

●这个角色在场景里的作用是什么？●选择一个不同的声音和姿势

●与本人视角面朝的方向相反 ●自然转换到本人视角，不要迈步

●身体偏转到观众可以看到的角度 ●从角色视角的角度出发

笔记：

一次性演绎所有的视角

●4 ~ 5分钟

总结笔记：

视角转换与组合练习

你刚才学习的视角的基础原理是非常简单的，但很多视角的转换和组合方式可以呈现出更为复杂的表演形式。如果你想出了我没有提到过的视角转换和组合方式，就把它们运用到自己的表演风格里，请大胆地实践。这样可以帮助你更好地表达对幽默的感知。以下是一些视角转换与组合的练习：

叙述者视角和两个角色视角

最常用的一种视角转换方式包含两个角色视角，但是没有本人视角。要演绎出这个场景，你需要演绎两个不一样的角色，同时需要思考叙述者视角是怎么构建这个场景的。

举个例子：

叙述者视角："我在酒吧喝酒，有两个年轻人坐在我旁边。"
角色视角 1:（衣着光鲜的人）"嘿，请我喝一杯吧，我刚刚升职成总监啦。"
角色视角 2:（衣着随意的人）"好呀，那你每天要给几个客人理发呀？"
叙述者视角："这就是嘚瑟的下场。"

该你了！

1. 站在批评者位置□，利用第 33 页的练习，选择一个有两个角色视角的场景。确定这两个角色视角的身份，以及叙述者视角在构建场景时要说的内容，把它们写下来。

2. 去排练空间○，演绎整个场景。

3. 完成后回到批评者位置□，记下你认为好玩的点或想出的笑话。

叙述者视角和两个角色视角练习

选择一个场景

●场景里正在发生什么？●场景里有谁？

●场景发生在什么地方？●议题是什么？

笔记：

叙述者视角（场景之外的你）

●我正在构建的是什么场景？●叙述者视角对观众说话

●叙述者视角和观众之间建立可见的场景 ●记得跳出场景给出点评

笔记：

角色视角 1

●这个角色在场景里的作用是什么？●选择一个声音和姿势

●选择一个面朝的方向 ●身体偏转到观众可以看到的角度

●自然转换到本人视角，不要迈步

笔记：

角色视角 2

●这个角色在场景里的作用是什么？

●选择一个和角色视角 1 不同的声音和姿势

●与角色视角 1 面朝不同的方向 ●身体偏转到观众可以看到的角度

●自然转换到本人视角，不要迈步

笔记：

一次性演绎所有的视角

●4 ~ 5 分钟

总结笔记：

叙述者视角、本人视角和两个角色视角

如果场景中是关于两个角色视角与你本人视角的争执，或者场景以你的本人视角为中心，你与另外两个角色发生争执，那么这个练习就很有用了。我的建议是，从叙述者的视角构建场景，向前迈一步就是本人视角，把两个角色视角设置在本人视角的左右两侧。作为本人视角，你必须左右转动你的头来跟两个角色视角说话。如此一来，你就是在描绘四个视角：叙述者、本人和两个不同的角色视角。这非常复杂，因为每个角色都有自己独特的人格特色。

举个例子：

叙述者视角："今天早上我和汽车修理工进行了一次亲切友好的聊天。我说……"

本人视角："我觉得你什么都没修！"

角色视角 1：（修理工）"是吗？那我帮你把旧零件装回去呗。"

本人视角："经理，你看你的员工怎么说话呢！"

角色视角 2：（经理）"但他至少把你的车准时送到了啊。"

本人视角："是啊，如果按伦敦时间算的话。"

叙述者视角："噢！真是一个美好的早晨。"

该你了！

1. 站在批评者位置□，利用第 35 页的练习，选择一个有你和两个角色视角的场景。确定这两个角色视角的身份，他们必须和你不一样，相互之间也要有差异。想一想叙述者视角应该怎么构建场景，以及每个角色分别站在哪里，把这些写下来。

2. 走到排练空间○，演绎整个场景。

3. 完成后回到批评者位置□，记下你认为好玩的点或想出的笑话。

叙述者视角、本人视角和两个角色视角练习

选择一个场景

●场景里正在发生什么？●场景里有谁？

●场景发生在什么地方？●议题是什么？

笔记：

叙述者视角（场景之外的你）

●搭建这个场景时我应该说什么？

笔记：

本人视角（场景之内的你）

●我在这个场景里的作用是什么？●选择一个面朝的方向

笔记：

角色视角 1

●这个角色在场景里的作用是什么？●选择一个声音和姿势

●选择一个面朝的方向

笔记：

角色视角 2

●这个角色在场景里的作用是什么？

●选择一个和角色视角 1 不同的声音和姿势

●与角色视角 1 面朝不同的方向

笔记：

一次性演绎所有的视角

● 4 ~ 5 分钟

总结笔记：

叙述者视角、本人视角和隐形的角色视角

这个场景只包含你和本人视角。首先你是一个负责构建场景的叙述者视角，然后进入场景，去完成本人视角在场景里的任务。你需要时不时地跳出和进入场景，以便从叙述者视角给出评价或吐槽。由于叙述者视角和本人视角对场景里发生的事件有着完全不同的情感反应，所以这个练习有一定的挑战性。

举个例子：

叙述者视角："前几天我碰见了前女友。虽然我们已经不在一起了，但这不代表我不想她。我对她说……"

本人视角："你这个贱人，你毁了我的生活！我不过就是破产、无家可归了而已，你怎么能因为这点小事就抛弃我？"

叙述者视角："真开心，我们没有撕破脸，还有话可聊。"

本人视角："要不借我点儿钱？"

叙述者视角："嘿，人总得吃饭嘛。"

该你了！

1. 站在批评者位置□，利用第 37 页的练习，选择一个包含你和一个不用演出来但是存在的角色的场景。想一想叙述者视角怎么构建场景，以及本人视角站在哪里，把这些写下来。

2. 去排练空间○，演绎叙述者视角和本人视角对着隐形的角色视角说话的场景。

3. 完成后回到批评者位置□，记下你认为好玩的点或想出的笑话。

叙述者视角、本人视角和隐形的角色视角练习

选择一个场景

●场景里正在发生什么？ ●场景里有谁？

●场景发生在什么地方？ ●议题是什么？

笔记：

叙述者视角（场景之外的你）

●搭建这个场景时我应该说什么？

●我是在讲事实还是在撒谎？

笔记：

本人视角（场景之内的你）

●我在这个场景里的作用是什么？

●我在这个场景里有什么想要达成的目标？

●选择一个面朝的方向

笔记：

角色视角（你不用表演，但它存在于场景内）

●在场景里这个角色视角扮演的是什么？

笔记：

表演叙述者视角、本人视角，聆听角色视角

●4 ~ 5 分钟

总结笔记：

同时存在的叙述者视角和本人视角

这个组合练习非常有用，因为我们经常在用叙述者视角描述事件的时候，身体就已经从本人视角开始演绎了。

这个技巧的有趣和灵活之处在于这两个视角自相矛盾的方式，在叙述者视角描述的同时，本人视角要把它演绎出来。

要做到嘴里说一件事，身体同时做另一件事是需要练习的。但是你一旦学会了，就会看起来非常自然。同样，这也会让场景更加流畅，因为两个视角之间没有转换的那一步。

举个例子：

叙述者视角："今天是十分平常的一天，我正在曼哈顿岛开开心心地开车，每个人都那么友好、亲切。你每天都会发现一些不同寻常的事情，我爱纽约。"

本人视角：（开车，猛打方向盘，朝别人扔咖啡杯，猛踩刹车……）

该你了！

1. 站在批评者位置□，利用第 39 页的练习，选择一个只有你的场景。想一想叙述者视角应该怎么构建场景，以及本人视角在场景里正在做什么，把这些写下来。

2. 去排练空间○，演绎整个场景。

3. 完成后回到批评者位置□，记下你认为好玩的点或想出的笑话。

同时存在的叙述者视角和本人视角练习

选择一个场景

- 场景里正在发生什么？
- 场景里有谁？
- 场景发生在什么地方？
- 议题是什么？

笔记：

叙述者视角（场景之外的你）

- 搭建这个场景时我应该说什么？
- 我是在讲事实还是在撒谎？

笔记：

本人视角（场景之内的你）

- 我在这个场景里的作用是什么？
- 我在这个场景里有什么想要达成的目标？
- 选择一个面朝的方向

笔记：

同时表演叙述者视角、本人视角

- 3 ~ 4 分钟

总结笔记：

同时存在的叙述者视角和角色视角

这个练习和上一个练习很像，区别在于这次你要多演一个角色视角。所以你需要增加一点表演，当嘴还在代表叙述者描绘事件时，身体就要作为角色有所行动了。

举个例子：

我在礼品店看见一个男人正在挑名贵的表（把表一块一块地戴在手腕上，把袖子拉下来）。他知道什么样的东西最有价值，很明显他是个行家（往口袋里塞东西，还用衬衫兜住东西）。

该你了！

1. 站在批评者位置□，利用第 41 页的练习，选择一个除了你还有其他人或者其他物体的场景。想一想叙述者视角应该怎么构建场景，以及角色视角在场景里正在做什么，把这些写下来。

2. 去排练空间○，同时演绎出叙述者视角和角色视角。

3. 完成后回到批评者位置□，记下你认为好玩的点或想出的笑话。

同时存在的叙述者视角和角色视角练习

选择一个场景

- 场景里正在发生什么？
- 场景里有谁？
- 场景发生在什么地方？
- 议题是什么？

笔记：

叙述者视角（场景之外的你）

- 搭建这个场景时我应该说什么？
- 我是在讲事实还是在撒谎？

笔记：

角色视角（除了你之外的某人或某物）

- 这个角色在场景里的作用是什么？
- 这个角色在场景里要达成的目标是什么？

笔记：

同时表演叙述者视角、本人视角

- 3 ~ 4 分钟

总结笔记：

叙述者视角、外部的本人视角和内部的本人视角

有时候，我们说的和想的不一样。在这个练习中，你可以同时表达你内部和外部的声音。这个练习里的挑战是，你要有对立的观点。如果这两种声音太像，就很难制造出笑点，所以对立的情绪很有帮助。喜剧是关于冲突的艺术，即使是内在的冲突，也能制造出喜剧。这个练习致力于帮你表达出心里的声音，也就是叙述者构建一个隐形的角色视角去对抗本人视角。

举个例子：

叙述者视角："我刚刚入职。新老板叫我给他倒杯咖啡，我对他说……"

内部的本人视角（以外部形式呈现）："我看起来像一个奴隶吗？你看到镣铐了吗？你一个小小的中层管理者还以为自己是总统了？其实你跟有了点权力就气焰嚣张的保安没有任何区别。自己去倒该死的咖啡吧！"

叙述者视角："我真正说的是……"

外部的本人视角："要加糖或牛奶吗？"

该你了！

1. 站在批评者位置□，利用第 43 页的练习，选择一个除了你之外还有别人，但别人要隐形的场景。想一想叙述者视角应该怎么构建场景，以及外部的本人视角和内部的本人视角在场景里正在做什么，把这些写下来。

2. 去排练空间○，演绎出叙述者视角、内部的本人视角和外部的本人视角之间的斗争。注意聆听角色视角，因为它也有可能说话。

3. 完成后回到批评者位置□，记下你认为好玩的点或想出的笑话。

叙述者视角、外部的本人视角和内部的本人视角练习

选择一个场景

●场景里正在发生什么？●场景里有谁？

●场景发生在什么地方？●议题是什么？

笔记：

叙述者视角（场景之外的你）

●搭建这个场景时我应该说什么？●我是在讲事实还是在撒谎？

笔记：

角色视角（除了你之外的某人或某物）

●这个角色在场景里的作用是什么？●它的目标是什么？

笔记：

本人视角（内部视角：以外部形式呈现）

●我在这个场景里的作用是什么？●我的目标是什么？●确定一个站立点

笔记：

本人视角（外部视角：场景里的你本人）

●我在这个场景里的作用是什么？●我的目标是什么？●站在同一个站立点

笔记：

表演整个场景

●1 ~ 2 分钟

总结笔记：

叙述者视角、角色视角（物体或动物）

在这个场景里，你要让那些没有话语权的角色说话。这个练习的挑战之处在于确定这些角色的立场。它们必须是无论在肢体上还是心理上都让观众信服的形象。其中最有趣的地方就在于这个抽象的视角对世界的看法。

举个例子：

叙述者视角："有一天我正在上厕所，然后就开始思考如果我是一个马桶的话会是什么样。"

角色视角：（把手臂绕成一个圈，模仿马桶的样子）"我需要一次事业上的升级，现在没有人尊重我，唯一有人把脸对着我的时候是他们喝多了。"

叙述者视角："我拉完之后就离开了，它一个马桶在胡思乱想什么呢！"

该你了！

1. 站在批评者位置□，利用第 45 页的练习，选择一个除了你还有别的物体的场景。想一想叙述者视角应该怎么构建场景，以及角色视角在场景里正在做什么，把这些写下来。

2. 去排练空间○，以叙述者视角和角色视角的立场将这个场景演绎出来。

3. 完成后回到批评者位置□，记下你认为好玩的点或想出的笑话。

叙述者视角、角色视角（物体或动物）练习

选择一个场景

- 场景里正在发生什么？
- 场景里有谁？
- 场景发生在什么地方？
- 议题是什么？

笔记：

叙述者视角（场景之外的你）

- 搭建这个场景时我应该说什么？
- 我是在讲事实还是在撒谎？

笔记：

角色视角（除了你之外的某物）

- 这个角色在场景里的作用是什么？
- 它试图达成什么目标？
- 什么样的声音和姿势可以表现这个角色？
- 这个角色的立场或态度是什么？

笔记：

表演整个场景

- 2 ~ 3 分钟

总结笔记：

选择一个笑话并把它扩充成脱口秀段落

在这个练习中，你要选择一个笑话。最好是“一句话笑话”，因为它的内涵十分丰富。通过挖掘笑话场景里的不同视角，你可以学习如何写脱口秀段落。

这个练习的目标就是通过挖掘笑话场景里的所有视角，把一个笑话转化成脱口秀段落。你需要演绎出叙述者视角和本人视角，同样也需要展现出场景里所有附带的或者潜在的角色视角。发挥你的创造力，进入场景中所有角色的心态里，去探索更多的笑话、连续笑点和好笑的对话。

举个例子，请看这个笑话：“我最近想省钱，所以去了一个一元店，花了199元。”

叙述者视角：“我最近想省钱，所以去了一个一元店。”

本人视角：（在商店里到处逛，不停地看各种商品并放进购物车，还自言自语）“噢，一个插头。蜡烛永远都不够用。还有飞利浦螺丝刀。这套微型螺丝刀是粉色的，好可爱。佛像，我要收集全12个。”

插头视角：“嘿，宝贝，请拥抱我。”

蜡烛视角：“我想把我的芯泡在你的热蜡里。”

飞利浦螺丝刀视角：“把我带回家，我会做你的小可爱。”

常规的螺丝刀视角：“我讨厌这身粉色，因为大家都以为我是飞利浦牌的，真尴尬。”

佛像视角：“每一条通向收银台的路都是从脚下开始的。”

购物车视角：“帮帮我，我要变形了。”

收银台视角：“一共199元，你一定是个孤独的人。”

叙述者视角：“我觉得我刚刚赢得了‘拥有垃圾最多奖’。”

该你了！

1. 站在批评者位置□，利用第 48 页和第 49 页的练习，选择一个除了你之外还有别的物体的场景。想一想叙述者视角应该怎么构建场景，以及本人视角在场景里正在做什么，确认场景里所有的视角，把这些写下来。

2. 去排练空间○，演绎出叙述者视角、本人视角和所有的角色视角。

3. 完成后回到批评者位置□，记下你认为好玩的点或想出的笑话。

选择一个笑话并把它扩充成脱口秀段落练习

选择一个笑话：

●场景里正在发生什么？ ●场景里有哪些明显或隐形的角色视角？

●场景发生在什么地方？

笔记：

叙述者视角（场景之外的你）

●搭建这个场景时我应该说什么？

笔记：

本人视角（场景之内的你）

●我在这个场景里的作用是什么？

笔记：

角色视角

●这个角色是谁，或者是什么？ ●什么样的声音和姿势可以表现这个角色？

●这个角色的立场或态度是什么？

笔记：

角色视角

●这个角色是谁，或者是什么？ ●什么样的声音和姿势可以表现这个角色？

●这个角色的立场或态度是什么？

笔记：

角色视角

●这个角色是谁，或者是什么？●什么样的声音和姿势可以表现这个角色？

●这个角色的立场或态度是什么？

笔记：

角色视角

●这个角色是谁，或者是什么？●什么样的声音和姿势可以表现这个角色？

●这个角色的立场或态度是什么？

笔记：

角色视角

●这个角色是谁，或者是什么？●什么样的声音和姿势可以表现这个角色？

●这个角色的立场或态度是什么？

笔记：

角色视角

●这个角色是谁，或者是什么？●什么样的声音和姿势可以表现这个角色？

●这个角色的立场或态度是什么？

笔记：

表演整个场景

● 2 ~ 3 分钟

总结笔记：

小结

转换视角是到目前为止我教的课程里最重要的技能，也是所有幽默技能的基础。每一个笑话都需要对一件事做两种解释，因此你必须通过转换视角来展现两者。当观众脑海里的视角被你带着转换了，也就听懂了你的笑话。

喜剧演员必须学会转换视角，有时还需要转换好几次，才能找到一个有趣的再解读，并将其塑造成一个笑话。每一次你回答练习里问题的时候都需要转变思路，也就是转换视角，这是一个内部视角的转换。当你从批评者位置□走到排练空间○时，就是在经历从外部视角到内部视角的转换。

电影和情景喜剧会通过各种方式来帮我们转换视角。举个例子，一个角色说出了对某件事情的看法，然后另一个角色发表了对同一件事情的看法，但他的角度出人意料。镜头角度可以帮我们关闭这个视角，转到另一个视角。

视角的转换是笑话、喜剧和幽默的基础。只要反复练习，你的能力就会不断提高。

视角的组合无法一一道来，需要你自己通过实践发现新的组合。请尽情地自由发挥吧！

WORKBOOK 3: HOW TO REMEMBER JOKES NATURALLY

03

格雷格·迪安的排练流程

现在，你已经学会了如何运用多重视角来挖掘场景。接下来，你将学习如何把自己写的笑话变成场景或体验。这个排练流程可以使笑话的体验真实地发生在你以及其他视角的身上。因此，通过回忆体验中的画面、声音和感觉，你便可以自然地记住自己的表演。

格雷格·迪安的排练流程包含三个阶段：

阶段一：准备

在这个阶段，你要弄清楚笑话中的体验，确定笑话里的相关视角。

阶段二：再现体验

在这个阶段，你要在场景内把写好的笑话变成可以用画面、声音以及感觉来记忆的体验。

阶段三：练习表演

在最后阶段，你要通过记忆体验中的画面、声音以及感觉来重现故事，并以此练习讲故事。

这个排练流程包含了一系列交互式的阶段和步骤，或许你需要在每个阶段来来回回地尝试，才能把一个写好的笑话变成可以通过画面、声音以及感觉来记忆的体验。

让我们开始排练吧。

阶段一：准备

指定一个批评者位置□和一个排练空间○

我在下面每一个步骤前都会标明此时你应该所在的位置，□表示处在批评者位置，○表示处在排练空间。通过让身体在这两个位置之间来回移动，你的大脑会在批判性思维和创造性思维之间切换。

以下是一个例子：

批评者位置□：坐在餐桌前。

排练空间○：站在客厅里，面向沙发，假装沙发上坐着观众。

该你了！

1. 请参阅第 66 页的排练流程单，填写自己的批评者位置□和排练空间○。

2. 完成后回到第 54 页，继续学习下面的内容。

□选择一个要排练的笑话或段落

此步骤中的“□”表示你应该站在批评者位置来选择以及朗读准备排练的笑话。刚开始学习这个步骤时，请选用一个短笑话或“一句话笑话”。一旦你掌握了这个方法，就可以选择更长的笑话和段落了。

以下是一个例子：

笑话或段落：“我在书店里问店员：‘自助区在哪儿？’他回答说：‘如果我告诉你，不就违背自助的初衷了吗？’”

该你了！

1. 站在批评者位置□，翻到第 66 页的排练流程单，填上你想排练的笑话。

2. 这个笑话可以是你自己写的，也可以是笑话书上的，还可以是你喜欢的脱口秀演员的，或者你可以直接用下面这个笑话。

“在一次红十字会献血活动中，我问一位路过的大爷：‘您献血吗？’他回答说：‘算了吧，我这点血都快过期了。’”

3. 完成后回到第 55 页，继续学习下面的内容。

□明确是什么样的体验催生了这个笑话

"为了使自己对这个笑话有感觉，我应该有什么样的体验？"

这一步的目的是确认笑话中的体验。每个笑话里都有一个隐藏的世界，一个由人、动物、物件、关系、冲突、心理状态、环境、事件、历史构成的世界。这些元素相互交织，共同带来了幽默的那一刻。想真正传达笑话中的喜剧效果，就要先了解这个"小宇宙"中发生了什么。

以下是一个例子：

我在书店里逛，怎么也找不到自助区的标志。于是我去问店员，他却说我应该自己去找。

明确这个笑话中的场景或体验是整个步骤的关键。

请多花一些时间来加以确认。一旦明确了这个笑话中的场景或体验，其他步骤就变得自然而然了。

很多人在练习这一步时有一些误区，因为他们在回答这个问题时加入了很多无关的信息。你的描述应该尽量简短，同时也要注意，这一步并非描述一个情绪反应。例如，我不会写"有一个人很混蛋"，虽然那个人确实很混蛋，但这并没有说明我在哪里、为什么我会在那里以及发生了什么事情。你需要做的只是描述整个场景里发生了什么。

该你了！

1. 站在批评者位置□，翻到第 66 页，描述你笑话中的体验。

2. 完成后回到第 55 页，继续学习下面的内容。

□探索体验的细节

"在这次体验中有谁，或者暗示有谁？""这次体验发生在哪里？"

一旦明确了笑话中的基本场景或体验，你就需要了解更多具体的信息，以便在阶段二再现出来。问问题能帮你发掘需要了解的信息，越具体越好，但不要包含与笑话无关的信息。

以下是一个例子：

我急匆匆地走进一间书店，店员是一个很女性化的男人，坐在我左边的结账区。

该你了！

1. 站在批评者位置□，翻到第 66 页，详细描述你笑话体验里的人、物和地点。

2. 完成后回到第 56 页，继续学习下面的内容。

□明确如何再现这个体验

“我想如何再现这个体验？”

把所有的信息整合到一起，然后通过再现相关的视角来表演出这个体验。你的目标是通过创造一个体验并记住其中的画面、声音和感觉，使自己对这个笑话产生回应。运用你的想象力，在脑海中梳理出整段体验，这样就可以在阶段二中轻松地表演这个场景了。

以下是一个例子：

首先，我会在“本人视角”中成为我自己，在书店里寻找自助区的标志，但是找不到。我问店员：“自助类的书在哪儿？”然后听他用一个自作聪明的回答回应我。

其次，我将转换为“角色视角”，成为那个店员，正忙着读一本书，却被一个问愚蠢问题的顾客打断了。我回应他：“如果我告诉你，不就违背自助的初衷了吗？”

第三，我会在“叙述者视角”中成为我自己，对着虚构的观众去描述整个场景。

该你了！

1. 站在批评者位置□，翻到第 66 页，给笑话体验里的相关视角排序。

2. 完成后回到第 57 页，继续学习下面的内容。

阶段二：再现体验

在阶段二，你将运用所有相关视角来表演这次体验，这样就可以以画面、声音和感觉的形式记住笑话了。

你表演了所有相关视角中的场景或体验后，在阶段三就可以回忆起并讲述这个笑话中的故事了。

当你处在批评者位置□审查你在排练空间○的表现时，有四种方法可以使用：利用想象、听录音、看录像，以及借助他人的观察。这几种方法都可以试试，然后找出最适合你的一种或几种。

○演绎本人视角

“我在这次体验中扮演什么角色？”

在这一步中，你将跳出批评者位置□，来到排练空间○，演绎这次体验中的本人视角。这里非常重要的一点是，你要花一些时间倾听角色视角说话。我知道这有一点奇怪，但是你会发现是角色视角支撑起了对话。

该你了！

1. 站在排练空间○，翻到第 67 页的练习，在笑话的场景或体验里表演本人视角。表演要保持简短、清晰。

2. 时间：20 秒。

3. 完成后去批评者位置□，回到第 58 页评估你的本人视角表演。

□评估

“我演绎角色视角的方式能让自己对这个笑话产生感觉吗？”

回到批评者位置□，让你的批评者接管这个过程，并给你一些反馈，比如你对本人视角的演绎是否逼真、你说的话是否恰当。

如果你对自己的表现不满意，或者觉得还缺了些什么，就重新回到排练空间○，再次演绎本人视角。

以下是一个例子：

是的，我到处搜寻自助区，然后问书店店员：“你能告诉我自助区在哪儿吗？”

我听到的回答是：“如果我告诉你，不就违背自助的初衷了吗？”

注意，现在对话已经发生了细微的变化，但只要不影响笑话的结构就没有问题。如果影响了，就回到排练空间○，一直练习到有所改善为止。这个排练过程能让笑话适应你的个性和语言模式，让这一切对你来说更自然。

该你了！

1. 站在批评者位置□，翻到第 67 页的练习，评估自己在演绎本人视角时是否用了记住这个场景或体验的方式。

2. 完成后回到第 58 页，继续学习下面的内容。

○演绎角色视角

“在这次体验中，其他人或物是如何表现的？”

在这一步中，你要去排练空间○，并像阶段一结尾中描述的那样表演角色视角。记住角色视角的要点，一定要运用与本人不同且适用于角色的声音和姿势。当你处在角色视角中时，聆听本人视角的声音也很重要。

该你了！

1. 站在排练空间○，翻到第 67 页的练习，在笑话的场景或体验里表演角色视角。表演要简短、清晰，与笑话相关。

2. 时间：20 秒。

3. 完成后回到批评者位置□，并翻到 59 页去评估你的角色视角表演。

□评估

“我对角色视角的演绎方式能让自己对这个笑话产生感觉吗？”

演绎完这次体验后，回到批评者位置□，评估你对角色视角的演绎是否保持了笑话的结构。通过问这样的问题，来评估你是否达到了效果。如果对这个问题的回答是“不能”，那就返回排练空间○再次演绎，直到你对这个笑话产生感觉。

以下是一个例子：

我是一个不可一世的高傲店员，当顾客问我自助区在哪儿时，我翻了翻白眼并回答说：“如果我告诉你，不就违背自助的初衷了吗？”

注意，这里的对话又发生了变化。当你扮演别的角色时，他们说话的方式可能跟你写的不一样。此时要顺其自然，这样语言才能更口语化且真实。不过要记得检查，以确保笑话的结构不被改变。

该你了！

1. 站在批评者位置□，并使用第 67 页的练习，评估自己在笑话场景或体验里对角色视角的刻画。

2. 标记一下你的角色视角是否有与你不同但很符合角色的声音或姿势。

3. 完成后翻到第 60 页，继续学习后面的内容。

○演绎叙述者视角

“我想用什么样的讲述方式？”

在这一步中，你要进入排练空间○，使用叙述者视角来铺设场景，并描述场景或体验中的动作和对话。叙述者视角直接跟观众讲话，所以在排练的时候要假装前面是观众。

这不是真正的表演，而是演绎场景或者体验的最后一步。

你已经表演了场景或者体验中的视角，现在我希望你去观察场景中不同视角之间的互动，并聆听他们所说的话，然后向你的虚拟观众进行描述。你可能会发现自己同时在做叙述者视角、本人视角或者角色视角。这是好事，因为这意味着这个场景或者体验对你来说非常真实，所以身体的每一部分不由自主地表演了不同的视角。

鉴于叙述者视角并没有直接参与到场景中，所以保持情绪化并持有观点尤为重要。你的情绪和观点来自一种从外部观察内部的视角，所以它们可能会与本人视角和角色视角体验中的情绪和观点非常不同，但你必须从自己的角度去看待每一件事物。比如，某一个场景可能是关于一场争吵，但在叙述者视角中你可能会被这个场景的愚蠢逗笑。

在场景或者体验中请自由评价或吐槽你自己和其他人，并像平常讲故事那样用第一人称“我”来称呼自己。

该你了！

1. 站在排练空间○，翻到第 67 页的练习，表演叙述者视角，在向虚拟观众描述场景时注意观察、聆听和感受。表演要简短且与笑话有关联，因为场景或体验中会有非常多的细节，你可能会不由自主地发表长篇大论。

2. 时间：30 秒。

3. 完成后返回批评者位置□，翻到第 61 页继续学习下面的内容。

□评估

"我对角色视角的演绎方式能让自己对这个笑话产生感觉吗？"

回到批评者位置□，现在你不仅要评估叙述者视角的角色，还要评估所有的视角，以确保大脑把整个笑话都编码成了画面、声音和感觉，而不仅仅是词语。这样做的好处是，你可以像真的经历过这个体验一样，回忆并将这个笑话中的故事分享给观众。

但是，如果你在评估中发现有元素或者对话不见了，那就重复必要的步骤，直到所有组成一个完整体验的元素或者对话都被囊括了进来。当大脑中笑话的全部体验都形成了画面、声音和感觉后，你就可以进入阶段三——练习表演了。

以下是一个例子：

我给观众设定了一个在书店中的场景，然后看着这个场景并描述自己没有看到自助区的标志，于是我问店员："自助区在哪儿？"然后我告诉观众他看起来被这个问题激怒了，他答道："如果我告诉你，不就违背自助的初衷了吗？"

该你了！

1. 站在批评者位置□，并在第 67 页的练习中填写你对叙述者视角以及其他所有视角的评估。表演叙述者视角，确保体验了所有需要通过画面、声音和感觉来记住的元素和对话。

2. 完成后回到第 61 页，继续学习阶段三的内容。

阶段三：练习表演

这一部分练习的目的是通过记住体验中的画面、声音和感觉来锻炼表演笑话的能力。这里的挑战之处在于你要相信记住某个场景会帮助你更好地讲述笑话中的故事。如果你把重点放在要把笑话一字不落地背下来，那就误解了这个排练环节的重点。

□明确如何将这次体验传达给观众

"我打算如何演绎这三个视角来表演这个笑话？"

你仍然处在批评者位置□上，花点时间思考如何表演这个笑话。你是想完全从叙述者视角来讲述这个笑话，还是想让叙述者视角来构建场景，然后表演本人视角和角色视角？你打算什么时候跳回到叙述者视角，推动场景变化或说一些俏皮的评价？你每种方法都可以尝试，但是要先确定一个策略。以下是一个例子：

我以叙述者视角开始构建自己处在书店里的场景，并描述自己看不到自助区的标志，于是我说："要不我去问店员吧。"

然后我转向左边，成为本人视角并问店员："自助区在哪儿？"

然后我又转向右边，成为店员的角色视角，因为被打断而生气，并回答道："如果我告诉你，不就违背自助的初衷了吗？"

最后我转回到叙述者视角并说道："于是我靠自己找到了大门口。"

该你了！

1. 站在批评者位置□，并使用第 68 页的练习给视角排序，更好地呈现这个笑话中的故事。

2. 完成后回到第 62 页，继续学习下面的内容。

○表演这个笑话或者段落

在这一步中，你将进入排练空间○，以叙述者视角来设置这个笑话的场景，并像你在上一步中设计的那样表演所有的相关视角。因为叙述者视角直接与观众对话，所以要假装你面前有观众，让观众能看清楚发生了什么。

让角色视角成为一个真实的人。记住要使用与你自己不同但符合角色特质的声音和姿势。这是业余和专业演员之间最主要的区别。专业演员会创作出真实且完整的角色，即使他们的戏份并不多。

讲述这个笑话中的故事。花点时间观察、聆听和感受笑话中的体验或者场景，然后就像它们真的发生在你和其他视角身上一样与观众分享。你可以自由地改变本人或角色视角的措辞，因为笑话本来就应该是对体验的真实反应，就好像你是在讲述人生中某个时刻发生的故事，而不是一个笑话。

把表演录下来,因为这个表演过程很难。如果你没有录像或录音的条件，那就记住所有即兴发挥的台词以及自然而然表现出来的点。这些个人风格正是我试图帮你塑造的东西。它们将是你的表演中最好且最诚实的部分。如果你录下了自己的表演，就可以在表演中捕捉、复习以及加入新的发现。

不要让批判进入排练空间○。如果你要分析自己的词汇或者进行自我批判，那就走出排练空间○回到批评者位置□。不要让任何批评溜进排练空间○。当你处在批评者位置□时，翻翻自己心里的笔记，直到想清楚如何表演出笑话中的体验。当你回到排练空间○接着表演和创作时，要提醒批评者留在批评者位置□上。

要允许自己出现失误。如果你在排练时一直抱着一定要做对的目标，就会把批评者带入排练。要接受你可能会做错的事实，在完成排练之后总有修正错误的机会。这就是把批评者和创造者区分开的目的。

该你了！

1. 站在排练空间○，翻到第 68 页的练习，以叙述者视角为虚拟的观众设置场景，然后按你在之前的步骤里设置的那样表演出不同视角。表演要简短且与笑话有关联，这样你就不会进行漫谈式的长篇大论了。

2. 时间：45 秒。

3. 完成后，回到第 64 页评估你的表演。

☐评估表演

“我有没有简洁有序地把这次体验传达给了观众，同时又保留了笑话的结构？”

在批评者位置☐上，利用录像或录音，一点点回顾自己的表演。这个评估对你的演出来说非常关键，因为你要利用它来判断笑话或段落是否足够紧凑，你是否完整地保存了笑话的结构，你是否有漫谈的问题，你的角色视角是不是一个真实的人，你是否喜欢视角顺序的安排，以及你的表演是否自然真诚。写下所有的问题并修正它们，这是批评者表现的时刻。

以下是一个例子：

叙述者视角：“昨天，我去参加一个生日聚会要迟到了，于是走进一家书店去买生日礼物。我问店员……”（我要表演得更焦虑且急迫一点。我喜欢这句要买生日礼物的新台词，留着它吧。）

本人视角：“可以请您告诉我自助区在哪儿吗？”（我要说“自助区”而不是“自学书”。）

转换中的叙述者视角：“然后他说……”（我可以删掉“他说”，因为这个视角的转换和角色的演绎应该更清晰。）

角色视角：“如果我告诉你，不就违背自助的初衷了吗？”（我迈出了一步，而不只是改变面朝的方向。这个角色很明显有好听的声音和居高临下的姿态，但他说话之前的不悦神情需要维持更长时间。）

叙述者视角：“于是我自己找了本书并离开了。”（我即兴创作了这句台词，是因为我在对这个混蛋店员做出回应——“于是我自己找了本书”，我喜欢这个结尾。）

同样，对话又发生了变化。这些变化来自你回顾这个体验时把它当成真的一样，并给予了诚实的反应。你不仅要从叙述者视角和本人视角去考虑，还要从角色视角去考虑。在这个例子中，店员的台词通过删去“自助区”而变得更简短和精确了。

回忆并再次体验是为了让你能像真的经历过一样，去分享笑话中的故事。将你的人格和角色的人格展现在笑话的体验中，就可以创造出一场特别且真诚的表演。顺便说一句，这就是你在现实生活中讲故事需要拥有的特质。现在，你可以把写好的笑话变成可以自然记住，并且可以自然表演出来的体验了。

该你了！

1. 站在批评者位置□，使用第 68 页的练习，写出对话和即兴想出的台词，以及你希望如何修正对话、舞台呈现、情绪以及关于笑话的整体表演。记下你希望改善这些元素的方法，让表演变得更精彩。

2. 多练习几次，练到你觉得这个笑话足够扎实了。但不要用这个过程去背词或记表演。把表演用画面、声音和感觉记下来的目的就是，你可以为每一场观众再创作并保持每次表演的新鲜感。

排练流程单

阶段一：准备

指定一个批评者位置□和一个排练空间○

批评者位置□的地点：________________

排练空间○的地点：________________

回到第 54 页。

□选择一个要排练的笑话或段落

笑话或段落：________________

____

回到第 55 页。

□明确是什么样的体验催生了这个笑话

“为了使自己对这个笑话有感觉，我应该有什么样的体验？”

____

____

回到第 55 页。

□探索体验的细节

“在这次体验中有谁，或者暗示有谁？”“这次体验发生在哪里？”

____

____

回到第 56 页。

□明确如何再现这个体验

“我想如何再现这个体验？”

____

____

回到第 57 页，学习阶段二的内容。

阶段二：再现体验

○演绎本人视角

“我在这次体验中扮演什么角色？”

回到第 58 页。

□评估

“我演绎角色视角的方式能让自己对这个笑话产生感觉吗？”

回到第 58 页。

○演绎角色视角

“在这次体验中，其他人或物是如何表现的？”

回到第 59 页。

□评估

“我对角色视角的演绎方式能让自己对这个笑话产生感觉吗？”

回到第 60 页。

○演绎叙述者视角

“我想用什么样的讲述方式？”

回到第 61 页。

□评估

“我对这三个视角的演绎方式能让自己对这个笑话产生感觉吗？”

回到第 61 页，学习阶段三的内容。

阶段三：练习表演

□明确如何将这次体验传达给观众

“我打算如何演绎这三个视角来表演这个笑话？”

回到第 62 页。

○表演这个笑话或者段落

回到第 64 页。

□评估表演

“我有没有简洁有序地把这次体验传达给了观众，同时又保留了笑话的结构？”

如果你想改变或者添加一些东西，可以在这些阶段和步骤中反复练习新对话，或者去掉漫谈的部分，让角色更加真实和有趣。漫谈是脱口秀表演的敌人。虽然你有很多要去听、去看和去感觉的信息，但必须学会专注于你希望与观众分享的内容。

请严格区分开批评者位置□和排练空间○，这样你才不会把批评引入笑话的排练中。要习惯不带批评地排练，因为你完全可以在之后再修改。

如果你不喜欢自己的表演，那就再来一次；如果你喜欢自己的表演，也可以再来一次；如果你不确定，还可以再来一次；再来一次之后，再来一次。重点是你要对笑话中的体验有感觉、有反应，这样在表演的时候，笑话的内容就好像你亲身体验过一样。

自主练习

你已经完成了格雷格·迪安的排练流程中的所有步骤，现在是你自己练习的时候了。你可以用下面的一些笑话或自己的素材来练习。我建议你使用自己的笑话。

当你用自己的笑话排练时，很重要的一点是要把所有的视角都表演出来。真正的事件是发生在本人视角身上的，你从角色视角或叙述者视角身上从未体验过。创造这些不同的视角会引导你写出更多的笑话，并让你在对笑话的体验中有一个全息影像般的记忆。

该你了！

1. 为了练习，请打印几份第 71 ～ 73 页的排练流程单。

2. 在排练流程单的阶段一，从以下的笑话中择一填上，并完成排练流程中的全部三个阶段，最后录下你的表演。记住区分开批评者位置□和排练空间○。

“为什么芭蕾舞演员要踮脚？他们应该直接找更高的演员。”

“我的马跑得太慢了，慢到它赢了下一场比赛。”

“那天，我倒着慢跑，胖了8斤。”

“在每一个矮子的身体里，都有一个驼背的高个儿。”

“正处于青春期的侄子顶着蓝发、戴着耳环来参加家庭聚会，他看起来就像我奶奶。”

“我的叔叔抢了银行，他们把他关进了监狱。于是他决定抢监狱，这样他们就会把他关进银行了。”

当你把我提供的这些笑话都练习完了，就可以把自己的笑话或者段落放进排练流程单开始练习了。

排练流程单

阶段一：准备

指定一个批评者位置□和一个排练空间○

批评者位置□的地点：

排练空间○的地点：

□选择一个要排练的笑话或段落

笑话或段落：

□明确是什么样的体验催生了这个笑话

“为了使自己对这个笑话有感觉，我应该有什么样的体验？”

□探索体验的细节

“在这次体验中有谁，或者暗示有谁？”“这次体验发生在哪里？”

□明确如何再现这个体验

“我想如何再现这个体验？”

阶段二：再现体验

○演绎本人视角

“我在这次体验中扮演什么角色？”

□评估

“我演绎角色视角的方式能让自己对这个笑话产生感觉吗？”

○演绎角色视角

“在这次体验中，其他人或物是如何表现的？”

□评估

“我对角色视角的演绎方式能让自己对这个笑话产生感觉吗？”

○演绎叙述者视角

“我想用什么样的讲述方式？”

□评估

“我对这三个视角的演绎方式能让自己对这个笑话产生感觉吗？”

阶段三：练习表演

□明确如何将这次体验传达给观众

“我打算如何演绎这三个视角来表演这个笑话？”

○表演这个笑话或者段落

□评估表演

“我有没有简洁有序地把这次体验传达给了观众，同时又保留了笑话的结构？”

* * *

恭喜！你已经学完了《如何准备一场自然真实的表演》的全部内容，了解了三个视角以及如何用它们通过画面、声音和感觉来记住你的体验。现在，你可以进行下面的学习了。

视角强化练习

叙述者视角、本人视角以及角色视角练习 1

选择一次争论

●在你和一个成人之间发生 ●对方必须是一个你可以演绎的人

●争论必须是面对面、站着进行的（不是打电话）●有多个议题

笔记：

第一轮：仅本人视角

●你在和谁争论？●这次争论发生在哪里？

●你们在争论什么？● 3 ~ 4 分钟 ●开始

笔记：

第二轮：仅角色视角

●选择一个不同的声音和姿势 ●站在对立面

●从角色视角的角度出发 ● 3 ~ 4 分钟 ●开始

笔记：

第三轮：本人视角和角色视角

●通过迈一步的方式来转换视角

●演绎角色视角时，改变你的声音和姿势

●让笑点自然地出来 ● 4 ~ 5 分钟 ●开始

笔记：

第四轮：本人视角、角色视角和叙述者视角

●确定本人视角、角色视角、叙述者视角的舞台位置和观众的位置

●以叙述者视角向观众讲话，构建场景

●通过转换本人视角和角色视角进行争论

● 5 ~ 6 次跳出场景，通过叙述者视角做一些评论 ● 6 ~ 8 分钟

总结笔记：

叙述者视角、本人视角以及角色视角练习 2

选择一次争论

●在你和一个成人之间发生 ●对方必须是一个你可以演绎的人

●争论必须是面对面、站着进行的（不是打电话）●有多个议题

笔记：

第一轮：仅本人视角

●你在和谁争论？●这次争论发生在哪里？

●你们在争论什么？● 3 ~ 4 分钟 ●开始

笔记：

第二轮：仅角色视角

●选择一个不同的声音和姿势 ●站在对立面

●从角色视角的角度出发 ● 3 ~ 4 分钟 ●开始

笔记：

第三轮：本人视角和角色视角

●通过迈一步的方式来转换视角 ●演绎角色视角时，改变你的声音和姿势

●让笑点自然地出来 ● 4 ~ 5 分钟 ●开始

笔记：

第四轮：本人视角、角色视角和叙述者视角

●确定本人视角、角色视角、叙述者视角的舞台位置和观众的位置

●以叙述者视角向观众讲话，构建场景

●通过转换本人视角和角色视角进行争论

● 5 ~ 6 次跳出场景，通过叙述者视角做一些评论 ● 6 ~ 8 分钟 ●开始

总结笔记：

叙述者视角和两个角色视角练习 1

选择一个场景

●场景里正在发生什么？●场景里有谁？

●场景发生在什么地方？●议题是什么？

笔记：

叙述者视角（场景之外的你）

●我正在构建的是什么场景？●用叙述者视角对观众说话

●在叙述者视角和观众之间建立可见的场景 ●记得跳出场景给出点评

笔记：

角色视角 1

●这个角色在场景里的作用是什么？●选择一个声音和姿势

●选择一个面朝的方向 ●身体偏转到观众可以看到的角度

●自然转换到本人视角，不要迈步

笔记：

角色视角 2

●这个角色在场景里的作用是什么？

●选择一个和角色视角 1 不同的声音和姿势

●与角色视角 1 面朝不同的方向

●身体偏转到观众可以看到的角度

●自然转换到本人视角，不要迈步

笔记：

一次性演绎所有的视角

●4 ~ 5 分钟

总结笔记：

叙述者视角和两个角色视角练习 2

选择一个场景

●场景里正在发生什么？●场景里有谁？

●场景发生在什么地方？●议题是什么？

笔记：

叙述者视角（场景之外的你）

●我正在构建的是什么场景？●用叙述者视角对观众说话

●在叙述者视角和观众之间建立可见的场景 ●记得跳出场景给出点评

笔记：

角色视角 1

●这个角色在场景里的作用是什么？●选择一个声音和姿势

●选择一个面朝的方向 ●身体偏转到观众可以看到的角度

●自然转换到本人视角，不要迈步

笔记：

角色视角 2

●这个角色在场景里的作用是什么？

●选择一个和角色视角 1 不同的声音和姿势

●与角色视角 1 面朝不同的方向

●身体偏转到观众可以看到的角度

●自然转换到本人视角，不要迈步

笔记：

一次性演绎所有的视角

● 4 ~ 5 分钟

总结笔记：

叙述者视角、本人视角和两个角色视角练习 1

选择一个场景

●场景里正在发生什么？●场景里有谁？

●场景发生在什么地方？●议题是什么？

笔记：

叙述者视角（场景之外的你）

●搭建这个场景时我应该说什么？

笔记：

本人视角（场景之内的你）

●我在这个场景里的作用是什么？●选择一个面朝的方向

笔记：

角色视角 1

●这个角色在场景里的作用是什么？●选择一个声音和姿势

●选择一个面朝的方向

笔记：

角色视角 2

●这个角色在场景里的作用是什么？

●选择一个和角色视角 1 不同的声音和姿势

●与角色视角 1 面朝不同的方向

笔记：

一次性演绎所有的视角

● 4 ~ 5 分钟

总结笔记：

叙述者视角、本人视角和两个角色视角练习 2

选择一个场景

●场景里正在发生什么？●场景里有谁？

●场景发生在什么地方？●议题是什么？

笔记：

叙述者视角（场景之外的你）

●搭建这个场景时我应该说什么？

笔记：

本人视角（场景之内的你）

●我在这个场景里的作用是什么？●选择一个面朝的方向

笔记：

角色视角 1

●这个角色在场景里的作用是什么？

●选择一个声音和姿势 ●选择一个面朝的方向

笔记：

角色视角 2

●这个角色在场景里的作用是什么？

●选择一个和角色视角 1 不同的声音和姿势

●与角色视角 1 面朝不同的方向

笔记：

一次性演绎所有的视角

● 4 ～ 5 分钟

总结笔记：

叙述者视角、本人视角和隐形的角色视角练习 1

选择一个场景

●场景里正在发生什么？

●场景里有谁？

●场景发生在什么地方？

●议题是什么？

笔记：

叙述者视角（场景之外的你）

●搭建这个场景时我应该说什么？

●我是在讲事实还是在撒谎？

笔记：

本人视角（场景之内的你）

●我在这个场景里的作用是什么？

●我在这个场景里有什么想要达成的目标？

●选择一个面朝的方向

笔记：

角色视角（你不用演，但它存在于场景内）

●在场景里这个角色视角扮演的是什么？

笔记：

表演叙述者视角、本人视角，并聆听角色视角

●4 ~ 5 分钟

总结笔记：

叙述者视角、本人视角和隐形的角色视角练习 2

选择一个场景

- 场景里正在发生什么？
- 场景里有谁？
- 场景发生在什么地方？
- 议题是什么？

笔记：

叙述者视角（场景之外的你）

- 搭建这个场景时我应该说什么？
- 我是在讲事实还是在撒谎？

笔记：

本人视角（场景之内的你）

- 我在这个场景里的作用是什么？
- 我在这个场景里有什么想要达成的目标？
- 选择一个面朝的方向

笔记：

角色视角（你不用演，但它存在于场景内）

- 在场景里这个角色视角扮演的是什么？

笔记：

表演叙述者视角、本人视角，并聆听角色视角

- 4 ~ 5 分钟

总结笔记：

同时存在的叙述者视角和本人视角练习 1

选择一个场景

● 场景里正在发生什么？

● 场景里有谁？

● 场景发生在什么地方？

● 议题是什么？

笔记：

叙述者视角（场景之外的你）

● 搭建这个场景时我应该说什么？

● 我是在讲事实还是在撒谎？

笔记：

本人视角（场景之内的你）

● 我在这个场景里的作用是什么？

● 我在这个场景里有什么想要达成的目标？

● 选择一个面朝的方向

笔记：

同时表演叙述者视角、本人视角

● 3 ~ 4 分钟

总结笔记：

同时存在的叙述者视角和本人视角练习 2

选择一个场景

- 场景里正在发生什么？
- 场景里有谁？
- 场景发生在什么地方？
- 议题是什么？

笔记：

叙述者视角（场景之外的你）

- 搭建这个场景时我应该说什么？
- 我是在讲事实还是在撒谎？

笔记：

本人视角（场景之内的你）

- 我在这个场景里的作用是什么？
- 我在这个场景里有什么想要达成的目标？
- 选择一个面朝的方向

笔记：

同时表演叙述者视角、本人视角

- 3 ~ 4 分钟

总结笔记：

叙述者视角、外部的本人视角和内部的本人视角练习 1

选择一个场景

- 场景里正在发生什么？ ●场景里有谁？
- 场景发生在什么地方？ ●议题是什么？

笔记：

叙述者视角（场景之外的你）

- 搭建这个场景时我应该说什么？ ●我是在讲事实还是在撒谎？

笔记：

角色视角（除了你之外的某人或某物）

- 这个角色在场景里的作用是什么？ ●它的目标是什么？

笔记：

本人视角（内部视角：以外部形式呈现）

- 我在这个场景里的作用是什么？ ●我的目标是什么？
- 确定一个站立点

笔记：

本人视角（外部视角：场景里的你本人）

- 我在这个场景里的作用是什么？ ●我的目标是什么？
- 站在同一个站立点

笔记：

表演整个场景

- 1 ~ 2 分钟

总结笔记：

叙述者视角、外部的本人视角和内部的本人视角练习 2

选择一个场景

●场景里正在发生什么？●场景里有谁？

●场景发生在什么地方？●议题是什么？

笔记：

叙述者视角（场景之外的你）

●搭建这个场景时我应该说什么？●我是在讲事实还是在撒谎？

笔记：

角色视角（除了你之外的某人或某物）

●这个角色在场景里的作用是什么？●它的目标是什么？

笔记：

本人视角（内部视角：以外部形式呈现）

●我在这个场景里的作用是什么？●我的目标是什么？

●确定一个站立点

笔记：

本人视角（外部视角：场景里的你本人）

●我在这个场景里的作用是什么？●我的目标是什么？

●站在同一个站立点

笔记：

表演整个场景

●1 ~ 2 分钟

总结笔记：

叙述者视角、角色视角（物体或动物）练习 1

选择一个场景

- 场景里正在发生什么?
- 场景里有谁?
- 场景发生在什么地方?
- 议题是什么?

笔记：______

______

叙述者视角（场景之外的你）

- 搭建这个场景时我应该说什么?
- 我是在讲事实还是在撒谎?

笔记：______

角色视角（除了你之外的某物）

- 这个角色在场景里的作用是什么?
- 它试图达成什么目标?
- 什么样的声音和姿势可以表现这个角色?
- 这个角色的立场或态度是什么?

笔记：______

______

表演整个场景

- 2 ~ 3 分钟

总结笔记：______

______

叙述者视角、角色视角（物体或动物）练习 2

选择一个场景

- 场景里正在发生什么？
- 场景里有谁？
- 场景发生在什么地方？
- 议题是什么？

笔记：

叙述者视角（场景之外的你）

- 搭建这个场景时我应该说什么？
- 我是在讲事实还是在撒谎？

笔记：

角色视角（除了你之外的某物）

- 这个角色在场景里的作用是什么？
- 它试图达成什么目标？
- 什么样的声音和姿势可以表现这个角色？
- 这个角色的立场或态度是什么？

笔记：

表演整个场景

- 2 ~ 3 分钟

总结笔记：

选择一个笑话并把它扩充成脱口秀段落练习 1

选择一个笑话：

●场景里正在发生什么？●场景里有哪些明显或隐形的角色视角？

●场景发生在什么地方？

笔记：

叙述者视角（场景之外的你）

●搭建这个场景时我应该说什么？

笔记：

本人视角（场景之内的你）

●我在这个场景里的作用是什么？

笔记：

角色视角

●这个角色是谁，或者是什么？●什么样的声音和姿势可以表现这个角色？

●这个角色的立场或态度是什么？

笔记：

角色视角

●这个角色是谁，或者是什么？●什么样的声音和姿势可以表现这个角色？

●这个角色的立场或态度是什么？

笔记：

角色视角

●这个角色是谁，或者是什么？●什么样的声音和姿势可以表现这个角色？

●这个角色的立场或态度是什么？

笔记：

选择一个笑话并把它扩充成脱口秀段落练习 2

选择一个笑话：

●场景里正在发生什么？●场景里有哪些明显或隐形的角色视角？

●场景发生在什么地方？

笑记：

叙述者视角（场景之外的你）

●搭建这个场景时我应该说什么？

笔记：

本人视角（场景之内的你）

●我在这个场景里的作用是什么？

笔记：

角色视角

●这个角色是谁，或者是什么？●什么样的声音和姿势可以表现这个角色？

●这个角色的立场或态度是什么？

笔记：

角色视角

●这个角色是谁，或者是什么？●什么样的声音和姿势可以表现这个角色？

●这个角色的立场或态度是什么？

笔记：

角色视角

●这个角色是谁，或者是什么？●什么样的声音和姿势可以表现这个角色？

●这个角色的立场或态度是什么？

笔记：

排练流程强化练习

排练流程单 1

阶段一：准备

指定一个批评者位置□和一个排练空间○

批评者位置□的地点：________________

排练空间○的地点：________________

□选择一个要排练的笑话或段落

笑话或段落：________________

____

□明确是什么样的体验催生了这个笑话

“为了使自己对这个笑话有感觉，我应该有什么样的体验？”

____

____

□探索体验的细节

“在这次体验中有谁，或者暗示有谁？”“这次体验发生在哪里？”

____

____

□明确如何再现这个体验

“我想如何再现这个体验？”

____

____

阶段二：再现体验

○演绎本人视角

“我在这次体验中扮演什么角色？”

□评估

“我演绎角色视角的方式能让自己对这个笑话产生感觉吗？”

○演绎角色视角

“在这次体验中，其他人或物是如何表现的？”

□评估

“我对角色视角的演绎方式能让自己对这个笑话产生感觉吗？”

○演绎叙述者视角

“我想用什么样的讲述方式？”

□评估

“我对这三个视角的演绎方式能让自己对这个笑话产生感觉吗？”

阶段三：练习表演

☐明确如何将这次体验传达给观众

“我打算如何演绎这三个视角来表演这个笑话？”

○表演这个笑话或者段落

☐评估表演

“我有没有简洁有序地把这次体验传达给了观众，同时又保留了笑话的结构？”

排练流程单 2

阶段一：准备

指定一个批评者位置□和一个排练空间○

批评者位置□的地点：

排练空间○的地点：

□选择一个要排练的笑话或段落

笑话或段落：

□明确是什么样的体验催生了这个笑话

“为了使自己对这个笑话有感觉，我应该有什么样的体验？”

□探索体验的细节

“在这次体验中有谁，或者暗示有谁？”“这次体验发生在哪里？”

□明确如何再现这个体验

“我想如何再现这个体验？”

阶段二：再现体验

○演绎本人视角

“我在这次体验中扮演什么角色？”

□评估

“我演绎角色视角的方式能让自己对这个笑话产生感觉吗？”

○演绎角色视角

“在这次体验中，其他人或物是如何表现的？”

□评估

“我对角色视角的演绎方式能让自己对这个笑话产生感觉吗？”

○演绎叙述者视角

“我想用什么样的讲述方式？”

□评估

“我对这三个视角的演绎方式能让自己对这个笑话产生感觉吗？”

阶段三：练习表演

□明确如何将这次体验传达给观众

“我打算如何演绎这三个视角来表演这个笑话？”

○表演这个笑话或者段落

□评估表演

“我有没有简洁有序地把这次体验传达给了观众，同时又保留了笑话的结构？”

排练流程单 3

阶段一：准备

指定一个批评者位置□和一个排练空间○

批评者位置□的地点：________________

排练空间○的地点：________________

□选择一个要排练的笑话或段落

笑话或段落：________________

____

□明确是什么样的体验催生了这个笑话

“为了使自己对这个笑话有感觉，我应该有什么样的体验？”

____

____

□探索体验的细节

“在这次体验中有谁，或者暗示有谁？”“这次体验发生在哪里？”

____

____

□明确如何再现这个体验

“我想如何再现这个体验？”

____

____

阶段二：再现体验

○演绎本人视角

“我在这次体验中扮演什么角色？”

□评估

“我演绎角色视角的方式能让自己对这个笑话产生感觉吗？”

○演绎角色视角

“在这次体验中，其他人或物是如何表现的？”

□评估

“我对角色视角的演绎方式能让自己对这个笑话产生感觉吗？”

○演绎叙述者视角

“我想用什么样的讲述方式？”

□评估

“我对这三个视角的演绎方式能让自己对这个笑话产生感觉吗？”

阶段三：练习表演

□明确如何将这次体验传达给观众

“我打算如何演绎这三个视角来表演这个笑话？”

○表演这个笑话或者段落

□评估表演

“我有没有简洁有序地把这次体验传达给了观众，同时又保留了笑话的结构？”

未来，属于终身学习者

我这辈子遇到的聪明人（来自各行各业的聪明人）没有不每天阅读的——没有，一个都没有。巴菲特读书之多，我读书之多，可能会让你感到吃惊。孩子们都笑话我。他们觉得我是一本长了两条腿的书。

——查理·芒格

互联网改变了信息连接的方式；指数型技术在迅速颠覆着现有的商业世界；人工智能已经开始抢占人类的工作岗位……

未来，到底需要什么样的人才？

改变命运唯一的策略是你要变成终身学习者。未来世界将不再需要单一的技能型人才，而是需要具备完善的知识结构、极强逻辑思考力和高感知力的复合型人才。优秀的人往往通过阅读建立足够强大的抽象思维能力，获得异于众人的思考和整合能力。未来，将属于终身学习者！而阅读必定和终身学习形影不离。

很多人读书，追求的是干货，寻求的是立刻行之有效的解决方案。其实这是一种留在舒适区的阅读方法。在这个充满不确定性的年代，答案不会简单地出现在书里，因为生活根本就没有标准确切的答案，你也不能期望过去的经验能解决未来的问题。

而真正的阅读，应该在书中与智者同行思考，借他们的视角看到世界的多元性，提出比答案更重要的好问题，在不确定的时代中领先起跑。

湛庐阅读App：与最聪明的人共同进化

有人常常把成本支出的焦点放在书价上，把读完一本书当作阅读的终结。其实不然。

时间是读者付出的最大阅读成本

怎么读是读者面临的最大阅读障碍

“读书破万卷”不仅仅在“万”，更重要的是在“破”！

现在，我们构建了全新的“湛庐阅读”App。它将成为你“破万卷”的新居所。在这里：

- 不用考虑读什么，你可以便捷找到纸书、电子书、有声书和各种声音产品；
- 你可以学会怎么读，你将发现集泛读、通读、精读于一体的阅读解决方案；
- 你会与作者、译者、专家、推荐人和阅读教练相遇，他们是优质思想的发源地；
- 你会与优秀的读者和终身学习者为伍，他们对阅读和学习有着持久的热情和源源不绝的内驱力。

从单一到复合，从知道到精通，从理解到创造，湛庐希望建立一个“与最聪明的人共同进化”的社区，成为人类先进思想交汇的聚集地，与你共同迎接未来。

与此同时，我们希望能够重新定义你的学习场景，让你随时随地收获有内容、有价值的思想，通过阅读实现终身学习。这是我们的使命和价值。

CHEERS

本书阅读资料包

给你便捷、高效、全面的阅读体验

本书参考资料

湛庐独家策划

- ✔ 参考文献
  为了环保、节约纸张，部分图书的参考文献以电子版方式提供
- ✔ 主题书单
  编辑精心推荐的延伸阅读书单，助你开启主题式阅读
- ✔ 图片资料
  提供部分图片的高清彩色原版大图，方便保存和分享

相关阅读服务

终身学习者必备

- ✔ 电子书
  便捷、高效，方便检索，易于携带，随时更新
- ✔ 有声书
  保护视力，随时随地，有温度、有情感地听本书
- ✔ 精读班
  2~4周，最懂这本书的人带你读完、读懂、读透这本好书
- ✔ 课　程
  课程权威专家给你开书单，带你快速浏览一个领域的知识概貌
- ✔ 讲　书
  30分钟，大咖给你讲本书，让你挑书不费劲

湛庐编辑为你独家呈现
助你更好获得书里和书外的思想和智慧，请扫码查收！

（阅读资料包的内容因书而异，最终以湛庐阅读App页面为准）

倡导亲自阅读

不逐高效，提倡大家亲自阅读，通过独立思考领悟一本书的妙趣，把思想变为己有。

阅读体验一站满足

不只是提供纸质书、电子书、有声书，更为读者打造了满足泛读、通读、精读需求的全方位阅读服务产品 —— 讲书、课程、精读班等。

以阅读之名汇聪明人之力

第一类是作者，他们是思想的发源地；第二类是译者、专家、推荐人和教练，他们是思想的代言人和诠释者；第三类是读者和学习者，他们对阅读和学习有着持久的热情和源源不绝的内驱力。

CHEERS

以一本书为核心

遇见书里书外，更大的世界

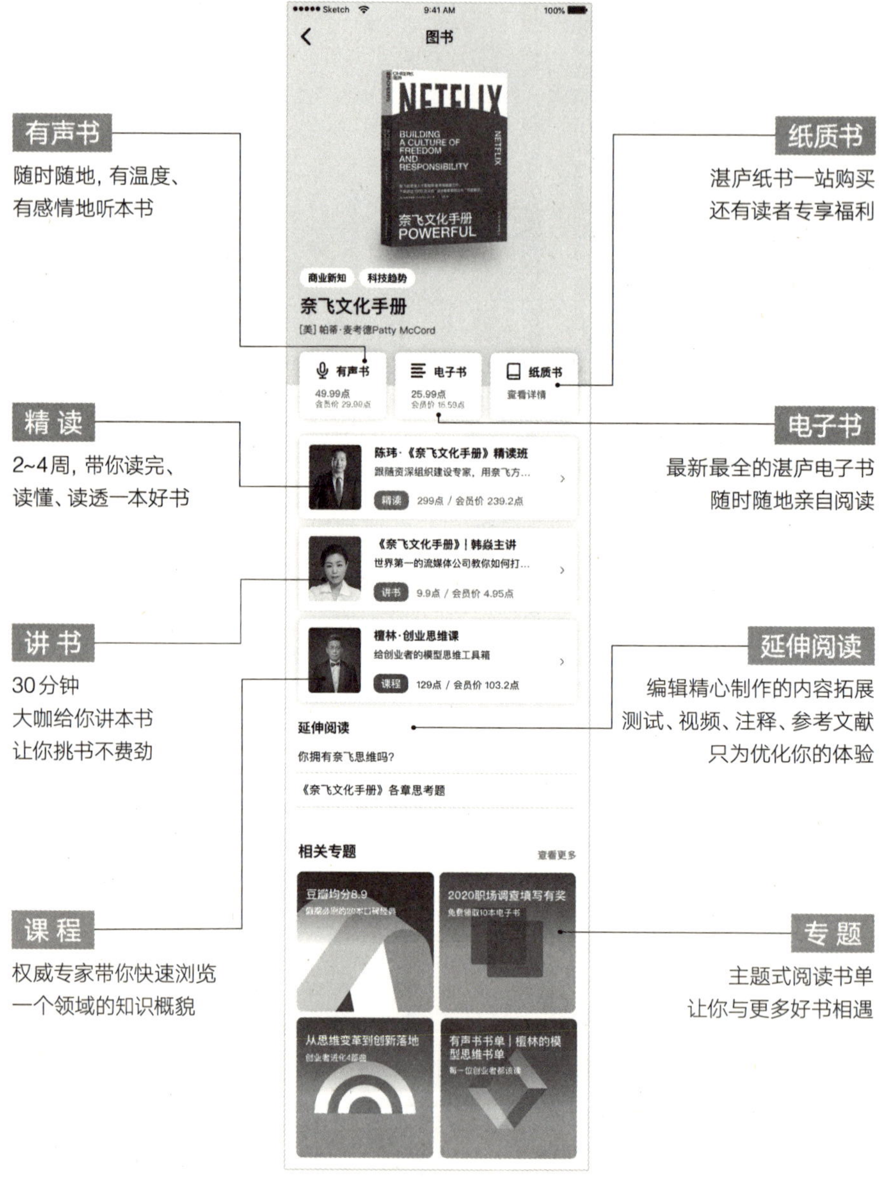

Step By Step to Stand-up Comedy – Workbook Series

Workbook 3: How to Remember Jokes Naturally

This edition arranged with Scott Edelstein Literary Agency, scott@scottedelstein.com.

浙江省版权局
著作权合同登记章
图字：11–2019–142号

图书在版编目（CIP）数据

如何准备一场自然真实的表演 /（美）格雷格·迪安著；
笑果研究所译．—杭州：浙江人民出版社，2020.1（2021.10重印）
（手把手教你玩脱口秀实战系列）
书名原文：Step By Step to Stand-up Comedy–Workbook
Series Workbook 3: How to Remember Jokes Naturally
ISBN 978-7-213-09348-7

Ⅰ．①如…　Ⅱ．①格…②笑…　Ⅲ．①幽默（美学）–
口才学–通俗读物　Ⅳ．①H019-49

中国版本图书馆CIP数据核字（2019）第283902号

上架指导：畅销书/职场

如何准备一场自然真实的表演

［美］格雷格·迪安　著
笑果研究所　译　呼兰　程璐　审校

出版发行：浙江人民出版社（杭州体育场路347号　邮编　310006）
市场部电话：（0571）85061682　85176516
集团网址：浙江出版联合集团　http://www.zjcb.com
责任编辑：蔡玲平
责任校对：朱　妍
印　　刷：石家庄继文印刷有限公司
开　　本：710mm × 965mm 1/16　　印　　张：7.5
字　　数：100千字
版　　次：2020年1月第1版　　印　　次：2021年10月第4次印刷
书　　号：ISBN 978-7-213-09348-7
定　　价：39.90元

如发现印装质量问题，影响阅读，请与市场部联系调换。